_____ 님의 소중한 미래를 위해
이 책을 드립니다.

채근담 인생수업

흔들릴 때마다 꺼내 읽는 마음의 한 줄

채근담 인생수업

홍자성 지음 | 정영훈 엮음 | 박승원 옮김

메이트북스

메이트북스 우리는 책이 독자를 위한 것임을 잊지 않는다.
우리는 독자의 꿈을 사랑하고,
그 꿈이 실현될 수 있는 도구를 세상에 내놓는다.

채근담 인생수업

초판 1쇄 발행 2025년 8월 15일 | **지은이** 홍자성 | **엮은이** 정영훈 | **옮긴이** 박승원
펴낸곳 (주)원앤원콘텐츠그룹 | **펴낸이** 강현규·정영훈
등록번호 제301-2006-001호 | **등록일자** 2013년 5월 24일
주소 04607 서울시 중구 다산로 139 랜더스빌딩 5층 | **전화** (02)2234-7117
팩스 (02)2234-1086 | **홈페이지** matebooks.co.kr | **이메일** khg0109@hanmail.net
값 15,000원 | **ISBN** 979-11-6002-958-1 03100

잘못 만들어진 책은 구입하신 서점에서 교환해 드립니다.
이 책을 무단 복사·복제·전재하는 것은 저작권법에 저촉됩니다.

"『채근담』은 동양식 생활 철학의 진수다.
우리는 이 책 한 권이면
인간의 심성과 세상의 이치를 모두 배울 수 있다."
- 임어당(林語堂, 중국 작가) -

"『채근담』은 처세술이 아니라
삶의 근본 태도를 가르치는 책이다."
- 루쉰(魯迅, 중국 문학가) -

엮은이의 말

고요한 문장이
우리 삶의 중심을 다시 세우다

1

『채근담』은 명나라 말기의 문인이자 은자(隱者)로 알려진 홍자성(洪自誠)이 세상살이와 마음공부에 대한 자신의 깨달음을 짧은 단문으로 엮은 책입니다. 유교, 불교, 도교의 사상이 절묘하게 어우러진 이 책은 동양 수양철학의 정수로 평가받고 있습니다. 제목 '채근담(菜根譚)'은 채소 뿌리를 씹는다는 뜻으로, 검소한 삶 속에서 도(道)를 깨닫고, 고된 일상 속에서 마음을 단련한다는 의미를 담고 있습니다.

원래 '상(上)'과 '하(下)'로 구성되어 있으며, 총 360여 개의 단문이 엮은이 없이 단순 나열된 형태로 수록되어 있습니다. 각 문장은 짧지만 깊고, 단순하지만 곱씹을수록 의미가 배어납니다. 삶의 격언집이자 마음의 거울로 읽히는 이 책은 수백 년이 지난 지금까지도 동아시아 문화권에서 꾸준히 읽혀왔고, 한국을 비롯한 일본, 대만, 중국에서 수양과 처세, 교양의 고전으로 사랑받고 있습니다.

『채근담』은 수백 년 동안 동아시아 문화권에서 널리 읽혀온 것을 넘어, 20세기 초부터는 서구 사회에도 소개되기 시작했습니다. 영어를 비롯한 여러 유럽어로 번역되면서, 동양의 고전적 수양철학과 명상적 사유에 관심을 가진 서구 독자들에게도 깊은 울림을 주었습니다. 짧은 단문 속에 응축된 삶의 통찰과 고요한 성찰은 서구에서 『채근담』을 "동양의 『수상록』"이라 부르기도 할 만큼, 몽테뉴나 파스칼의 잠언적 사유와 나란히 놓이며 읽히고 있습니다. 최근에는 단순하고 절제된 삶을 추구하는 미니멀리즘 흐름과도 맞닿아 있으며, 명상이나 자기성찰의 문구로 활용되며 서구의 삶과 정신문화 속에서도 조용한 영향을 이어가고 있습니다.

2

하지만 고전이 오랜 세월을 살아남기 위해서는, 시대와 함께 호흡하는 언어가 필요합니다. 기존의 『채근담』 완역본들은 번역의 정확성이나 고전 특유의 문체를 살리는 데 집중한 나머지, 현대 독자에게는 다소 어렵고 멀게 느껴질 때가 많았습니다. 뜻은 알겠지만 마음이 동하지 않거나, 문장은 읽히지만 가슴에 남지 않는 경우도 있었을 것입니다.

이 편역본은 그런 아쉬움에서 출발했습니다. 단순히 고어를 현대어로 바꾸는 데 그치지 않고, 한문 고전 특유의 어투와 번역투, 형식적인 표현을 과감히 걷어냈습니다. 현대 독자가 감정과 이성으로 자연스럽게 받아들일 수 있도록 문장을 새롭게 구성했고, 번역된 문장이 아니라 살아 있는 문장이 되도록, 단어 하나하나에 감정의 결을 새겨넣고자 공을 들였습니다. 한문 고전의 단어 자체는 어렵지 않지만, 번역도 의역도 아닌 채 딱딱한 문어투로 옮겨지면 독자의 마음에 자연스럽게 스며들지 못합니다. 그래서 뜻은 살리되, 표현의 숨결은 오늘의 언어감각에 맞춰 다듬었습니다.

또한 별도의 목차 없이 단순 나열식이었던 기존 원문의 구성을, 현대 독자의 삶과 연결되도록 6개의 주제별 장으로 재편했습니다. 1~6장의 흐름은 감정과 사유의 결을 따라 자연스럽게 이어지도록 구성했습니다. 『채근담』을 단순한 '명언집'이 아닌, 처음부터 끝까지 감동적으로 읽히는 한 권의 책으로 만들기 위한 시도였습니다.

무엇보다 이번 편역에서 우리가 특별히 공을 들인 부분은 각 문장에 붙인 제목입니다. 원문에 없던 제목을 덧붙이면서, 고전의 사유가 오늘의 독자에게 감각적으로 와닿도록 문장형 제목을 새롭게 구성했습니다. 지나치게 설명적이지 않으면서도 핵심을 짚고, 정서적으로도 자연스럽게 스며들 수 있도록 표현의 리듬과 어감을 조율했습니다. 독자는 이 제목을 따라가며, 고전의 문장을 더 또렷하게, 더 생생하게 만나게 될 것입니다.

아무쪼록 이 책이 고전을 새롭게 받아들이는 길이자, 고전과 오늘의 마음을 잇는 하나의 다리가 되기를 바랍니다. '고전의 품격은 지키되, 문장은 지금의 숨결로 다시 태어나야 한다'는 이 편역의 원칙이 독자 여러분의 일상에 작은 울림이 되기를 바랍니다.

3

오늘날 우리는 혼란과 과속의 시대를 살고 있습니다. 빠르게 결정하고, 끊임없이 선택하며, 언제나 성과를 요구받는 시대입니다. 그런 현실일수록 삶의 중심을 되묻고, 마음의 균형을 되찾는 일이 더욱 중요해집니다. 『채근담』은 우리에게 그 조용한 균형을 회복할 수 있는 지혜를 건넵니다.

지금 우리는 과거보다 훨씬 풍요로운 시대에 살고 있지만, 마음의 고통은 줄어들지 않았습니다. 『채근담』은 전통이라는 외피로 다가오지 않습니다. 오히려 삶의 핵심을 꿰뚫는 직설적 문장과 단단한 사유로, 우리가 오래도록 지키고 싶어 했던 가치를 되새기게 만듭니다.

『채근담』의 단상들은 짧지만 깊은 전복의 힘을 품고 있습니다. 문장 하나가 우리가 오래도록 믿어온 관성을 뒤흔들고, 익숙했던 기준을 낯설게 바라보게 하며, 평범한 하루를 전혀 다르게 해석하게 만듭니다. 단 한 문장만 제대로 만나도, 인생을 바라보는 시선이 달라질 수 있습니다.

삶을 복잡하게 만드는 건 외부의 조건이 아니라, 마음속의 망설임과 욕망, 고정된 생각일지도 모릅니다. 『채근담』은 그런 마음의 결을 다듬고, 삶을 보다 단단하고 유연하게 바라보게 합니다. 그렇게 이 책은 오래된 문장이 아니라, 지금을 살아가는 우리에게 가장 필요한 말들이 됩니다.

이 책은 어느 페이지를 펼치더라도 '지금 이 순간의 나'에게 필요한 한 문장을 만날 수 있도록 정리했습니다. 머리로 읽기보다 가슴으로 받아들이는 책, 외우는 문장이 아니라 살아가는 언어가 되기를 바랍니다.

엮은이 정영훈

차례

엮은이의 말_고요한 문장이 우리 삶의 중심을 다시 세우다   6

1장
마음이 바뀌면 인생이 달라집니다

마음이 밝으면 빛이 되고, 어두우면 그림자가 드리웁니다   25
괴로움 속에서도 기쁨을 찾고, 뜻을 이룬 뒤엔 슬픔이 옵니다   26
병은 깊은 곳에서 시작되니 겉보다 속을 먼저 살펴야 합니다   27
조급한 성질은 불길 같고, 차가운 마음은 얼음 같습니다   28
마음을 비워야 의리가 머물고, 마음을 채워야 욕심이 들어오지 않습니다   29
귀와 눈은 외부의 도적이고, 본심은 집안의 지킴이입니다   30
고요할 때 마음은 맑아지고, 담담할 때 참맛을 알게 됩니다   31
고요함은 움직임 속에서도, 즐거움은 괴로움 중에도 옵니다   32
마음을 늘 원만히 살피면 세상은 결함 없이 빛납니다   33
참된 마음은 큰일도 해내고, 거짓 마음은 부끄러움뿐입니다   34
말이 자연스러우면 인품도 본연의 빛을 냅니다   35
사소한 일도 허투루 말고, 어두움 속에도 진실해야 합니다   36
분노와 욕심이 치밀어도 마음만 바꾸면 달라집니다   37
마음이 어둡고 산만할 때는 스스로를 맑고 밝게 해야 합니다   38
마음은 우주의 운행처럼 막힘없이 흘러야 합니다   39
욕심을 이기는 길은 앎과 힘을 함께 갖추는 일입니다   40
몸은 작은 우주 같아서 감정이 균형을 이뤄야 합니다   41
진실한 마음이 없다면 모든 일은 헛되기 마련입니다   42
올바른 마음이 기초이고, 기초가 튼튼해야 오래갑니다   43

마음을 비우면 본성이 드러나고, 생각이 맑아야 마음도 밝아집니다	44
마음은 하늘의 모습을 닮아 기쁨과 성냄 모두 자연입니다	45
일이 없을 땐 마음을 고요히 하고, 일이 있을 땐 중심을 잡으십시오	46
한결같이 자상한 마음은 천지에 온기를 전합니다	47
자연의 소리와 빛도 마음을 전하는 표현입니다	48
사물 속 정취를 깨닫고 세상을 마음에 담으십시오	49
가난은 막기 어려워도 걱정은 다스릴 수 있습니다	50
산과 샘물을 따라 걷다 보면 마음도 점점 맑아집니다	51
욕심 가득한 마음은 파도치고, 비운 마음은 평온을 느낍니다	52
냉정한 눈으로 바라보면 괴로움도 줄어듭니다	53
마음에 바람과 파도가 없으면 세상도 고요해집니다	54
잡념을 내려놓고 지금에만 머무르면 됩니다	55
세속의 눈은 어지럽고 이치의 눈은 단순합니다	56
마음이 깨어 있으면 다 극락이고, 깨닫지 못하면 절도 세속입니다	57
마음이 맑고 고요하면 모든 순간이 진실입니다	58
몸은 일 안에 있어도 마음은 항상 일 밖에 둡니다	59
마귀를 물리치려면 자기 마음부터 다스려야 합니다	60
마음속 얼음과 숯불은 없애기가 매우 어렵습니다	61

2장
사람과의 관계는 태도에서 갈립니다

남의 허물은 덮고, 내 마음은 덕으로 채웁니다	65
덕을 베풀되 흔적 없이, 은혜를 주되 기대 없이	66
지나친 호의보다는 작은 정성이 감동을 줄 수 있습니다	67
스스로를 앞세우지 말고, 한쪽 말에 휘둘리지 마십시오	68

남의 허물은 감싸고, 완고함은 부드럽게 다스리세요	69
과묵한 사람에겐 조심하고 성급한 사람 앞에선 말을 아낍니다	70
속은 줄 알아도 드러내지 말고, 모욕받아도 흔들리지 마십시오	71
경계는 하되 해치지 말고, 의심은 줄이고 살핌은 더하십시오	72
칭찬은 조심스럽게 시작하고, 말은 신중하게 꺼내야 합니다	73
가까운 사이일수록 질투가 더 깊을 수 있습니다	74
공로는 드러나게 베풀고, 은혜는 조용히 베풉니다	75
쥐구멍은 남겨두고, 너무 몰아붙이지 마십시오	76
공은 나누지 말고, 환난만 함께하십시오	77
반성은 길을 열고, 원망은 뿌리를 내립니다	78
성실함은 믿음에서, 의심은 내 마음에서 시작됩니다	79
따뜻한 마음은 살리고, 각박한 마음은 시들게 합니다	80
오랜 인연일수록 새로운 마음으로 대합니다	81
자기 자신에겐 엄격하고, 남에게는 너그러워야 합니다	82
은혜는 점차 후하게, 위엄은 점차 너그러워야 합니다	83
속이는 이는 감동시키고, 사나운 이는 온화함으로 대합니다	84
몸가짐은 너무 깔끔하게 유지하지 말고, 착함과 나쁨 모두 품으십시오	85
속 좁은 자와는 거리를 두고, 덕 있는 자에겐 아첨하지 마십시오	86
은혜는 잊어도 원한은 갚고, 타인의 좋은 점은 의심하지 마십시오	87
비방은 구름처럼 가리고, 아첨은 바람처럼 스며듭니다	88
나쁜 소문에 흔들리지 말고, 착한 척에도 속지 마십시오	89
사람을 쓸 땐 너그러워야 하고, 벗을 사귈 땐 신중해야 합니다	90
최고 경지에 오른 사람은 걱정도, 의심도 없습니다	91
남을 꾸짖을 땐 적은 허물을, 자신은 더 깊이 꾸짖으십시오	92
'나'라는 생각이 가장 크니, 욕심과 괴로움도 깊어집니다	93
좁은 길에서는 한 걸음 물러서고, 좋은 음식은 나눠 먹으십시오	94
한 걸음 물러섬이 앞으로 나아가는 발걸음입니다	95

나쁜 점은 부드럽게 말하고, 좋은 점은 쉽게 가르치십시오　　96
덕은 작은 일부터 지키고, 은혜는 보답 없는 사람에게　　97
세속과 너무 같지도, 너무 다르지도 않아야 합니다　　98
숲속에서의 삶은 영예 없이 도리만 지키면 충분합니다　　99
열 마디 중 아홉이 맞아도 한 마디 틀리면 허물이 됩니다　　100
가족 허물은 거칠게 말하지 말고 은근히 일깨워야 합니다　　101
삶은 꼭두각시놀이 같으니 조종간은 내가 쥐어야 합니다　　102
마음은 변하기 쉽고, 양보하는 지혜가 필요합니다　　103
마음이 바르면 말과 행동이 편안해집니다　　104
선행은 마음에 담지 말고, 허물은 잊지 말아야 합니다　　105
환경은 늘 변하기 마련이고, 마음도 뜻대로 되지 않습니다　　106

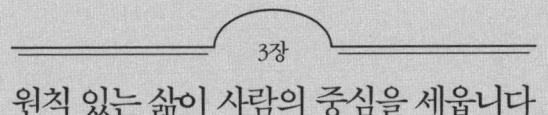

3장
원칙 있는 삶이 사람의 중심을 세웁니다

소박한 삶이 진짜 힘을 만듭니다　　111
배우고 익혔으면 당연히 실천해야 합니다　　112
참된 청렴은 그 어떤 겉치레도 없습니다　　113
명예 없는 즐거움이 가장 깊은 기쁨입니다　　114
나쁜 짓과 두려움 속에도 착한 길이 있습니다　　115
자신을 지키는 올곧음이 남을 기쁘게 하는 것보다 낫습니다　　116
여러 사람이 의심해도 자신의 뜻을 꺾지 마십시오　　117
아름다움에는 추함이 있고, 깨끗함엔 더러움이 함께합니다　　118
드러난 착한 일은 적어도, 숨은 착한 일은 큽니다　　119
재능만 있고 덕이 없으면, 주인 없는 집과 같습니다　　120
마음을 억지로 바꾸려 말고, 혼란만 걷어내면 됩니다　　121

서두르면 흐려지고, 기다리면 드러납니다	122
감정이나 지식으로만 이해하면 깨달음이 얕아집니다	123
일을 맡았다면 손익을 따지지 말아야 합니다	124
공직에선 청렴해야 하고, 가정에선 너그러워야 합니다	125
수련은 꾸준해야 하고, 실천은 신중해야 합니다	126
총명은 드러내지 않고, 재주는 자랑하지 않습니다	127
너무 검소해도 안 되고, 너무 겸양해도 안 됩니다	128
냉철한 눈으로 사람을 살피고, 냉철한 귀로 말을 듣습니다	129
기운이 평온한 사람에게는 온갖 좋은 일이 생깁니다	130
길이 위태롭고 험하면 위험을 피해야 합니다	131
나보다 못한 사람을 생각하면 원망이 저절로 사라집니다	132
유쾌함에 편승해 많은 일을 벌여서는 안 됩니다	133
입은 마음의 문과 같으니 엄밀히 지켜야 합니다	134
눈앞에 다가온 일에 만족할 줄 알아야 합니다	135
한 걸음 내디딜 때, 한 걸음 물러날 준비를 합니다	136
이 몸과 마음을 고요함 속에 편안히 두어야 합니다	137
삶의 중심은 반드시 '나'에 두어야 합니다	138
어떤 일이든 바르게 배우려면 온 힘을 다해 정진해야 합니다	139
이유 없이 얻은 복과 재물은 반드시 화를 부릅니다	140
겉은 투명하되 속은 절제된 태도여야 합니다	141
마음에 들지 않는 일은 늘 마음속에 품고 있어야 합니다	142
마음가짐이 굳건하고 티없이 맑아야 합니다	143
받고 누리는 것은 분수를 넘지 말아야 합니다	144
완전한 명성을 혼자 차지해선 안 됩니다	145
자신의 재능을 자랑하고 과시하면 안 됩니다	146
잔꾀와 기교는 알아도 사용하지 않아야 합니다	147
잔치를 벌이며 즐길 때는 조심하고 근심해야 합니다	148

권력을 통해 부귀와 명예를 얻어서는 안 됩니다 149
온화한 마음으로 자신을 다스려야 합니다 150
삶에서 자기 자리를 지키려면 적절한 융통성이 필요합니다 151

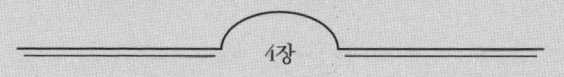

욕망과 집착을 좇다 보면 결국 길을 잃습니다

욕망은 가볍게 시작되어도 금세 깊은 덫이 됩니다 155
도리를 따를수록 마음이 트이고 욕망을 좇을수록 길이 막힙니다 156
욕망이 고개를 들기 전에 곧장 마음을 되돌리세요 157
욕심은 불꽃처럼 번져서 끝내 자신도 태웁니다 158
즐거움도 과하면 독이 되고, 절제가 나를 지켜줍니다 159
욕심 없이 사는 검소함이 과시된 재능보다 낫습니다 160
빨리 피는 욕망보다 늦게 무르익는 절제가 낫습니다 161
성공과 삶에 집착해도 결국엔 반대편이 옵니다 162
밝은 길을 두고도 욕망에 이끌려 망칩니다 163
얽매임과 집착에서 벗어나야 자유롭게 살아갑니다 164
기쁨과 슬픔의 뿌리를 알면 욕망도 저절로 사라집니다 165
물질적인 욕심이 걷히면 비로소 진짜가 보입니다 166
마음도 바람도 자연스러울 때 맑아집니다 167
본성이 맑으면 삶이 저절로 편안해집니다 168
가난해도 즐거우면 인생의 맛은 더 깊어집니다 169
마음이 비어 있으면 세상도 고요해지기 마련입니다 170
복도 삶을 구하기 전에 그 이면을 먼저 알아야 합니다 171
이익을 탐하는 마음이 곧 인생의 불구덩이입니다 172
내 마음이 크면 모든 것이 가벼워집니다 173

슬픔과 기쁨을 넘어 있는 그대로 살아갑니다 174
무엇이든 적당할 때가 가장 아름답고 즐겁습니다 175
권세를 좇으면 재앙은 빠르게 다가옵니다 176
권세와 부귀도 끝내는 허망하게 녹아내립니다 177
이익보다 더 해로운 건 감춰진 명예욕입니다 178
죽음과 병을 떠올리면 욕망의 열기가 식습니다 179
쥐와 나방을 위한 마음, 그것이 사람됨의 시작입니다 180
절제와 배려의 삶은 복이 되어 이어집니다 181
내리막을 먼저 떠올리면 지금 교만해지지 않습니다 182
마음의 크기만큼 삶의 흐름이 달라집니다 183
남의 곤궁함을 업신여기면 하늘이 끝내 벌을 내립니다 184
삶에도, 죽음에도 품격 있는 자취를 남기세요 185
베풂에는 마음이 먼저고, 보답은 바라지 않아야 합니다 186
마음이 흔들릴 땐 비우고, 마음이 단단할 땐 견뎌내세요 187
귀는 흘려보내야 하고, 마음은 비워두어야 합니다 188
서두르지 않으면 더 멀리 날 수 있습니다 189
공로를 인정받기보다 원망이 남지 않게 하세요 190

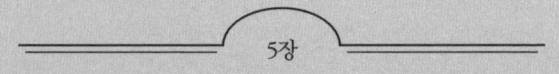

5장
지나침 없는 조화가 삶의 균형을 만듭니다

넉넉함은 크기에 있지 않고 느낄 줄 아는 마음에 있습니다 195
성공에도 마음을 거두고, 실패에도 뜻을 지켜보세요 196
억눌러 묶기보다, 자라게 하는 마음을 가지세요 197
맑고 바르게 살되, 모나게 굴지는 마세요 198
청렴하면서도 포용하고, 강직하더라도 유연하세요 199

한가할 때 다져놓은 마음이 바쁠 때 삶을 이끌어줍니다   200
고요할 때 세운 중심이 혼란 속에서도 나를 지켜줍니다   201
화려한 순간보다 버텨낸 모습이 더 진실합니다   202
넓고 한가로운 세상도 조급한 마음엔 답답할 뿐입니다   203
분주함을 돌아봐야 고요함의 가치를 알게 됩니다   204
마음이 넉넉하면 시간과 공간도 넉넉해집니다   205
앞서려고 다투는 길은 좁고, 물러서면 삶이 넓어집니다   206
고요함을 좇는 마음조차 하나의 집착이 될 수 있습니다   207
시듦 속에서도 생명은 다시 피어납니다   208
세상이 괴로운 게 아니라 마음이 괴로움을 만들 뿐입니다   209
진짜 마음과 마주할 용기를 고요한 밤에 내보세요   210
밝음은 늘 어둠에서 나오고, 맑음은 늘 어둠에서 생겨납니다   211
낮음을 알아야 높음도 알고, 어둠을 알아야 밝음도 압니다   212
'일'과 '마음'의 과잉이 가져오는 고통을 되새겨야 합니다   213
속세를 외면한다고 해서 깨달음이 오는 것은 아닙니다   214
상황에 따라 달라져야 진짜 지혜로운 태도입니다   215
지나침은 마음을 흐리게 하고, 좋은 뜻도 메마르게 합니다   216
너무 부드러워도 문제고, 너무 메말라도 위험합니다   217
여유를 남겨두는 사람은 근심도 피해갑니다   218
덜어낼수록 가벼워지고, 비워낼수록 자유로워집니다   219
홀로 깨끗함만 고집하면 삶이 메말라갑니다   220
너무 고상하거나 너무 조급하면 메마릅니다   221
순조로울 때가 오히려 더 위험합니다   222
고요한 가운데 움직이고, 바쁠수록 여유를 지닙니다   223
흐르는 물 옆에서 고요를 느끼고, 높은 산에서 비움을 배웁니다   224
고요하면 떠오르고, 시끄러우면 사라집니다   225
봄날의 기운도 좋지만 가을날의 고요함이 더 깊습니다   226

꽃은 화분을 벗어날 때 아름답고, 새는 하늘을 날 때 제맛입니다.	227
달빛은 물에 흔적을 남기지 않고, 꽃잎은 져도 마음은 한가롭습니다	228
세상이 나직하게 말을 걸어올 때 들을 귀를 가져야 합니다	229
잊을 만큼 자연스러워야 비로소 참된 자유입니다	230
가장 생생한 움직임은 고요한 순간에 깨어납니다	231
고요한 시간에 스며드는 자연의 정취를 느껴보세요	232
자연과 마음이 어우러질 때 경계는 사라집니다	233
마음이 고요해야 세상의 빛이 보입니다	234

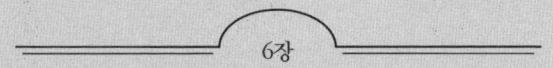

6장
끝을 알아 내려놓을 때 아름답게 살아갑니다

생과 사를 초월하는 관조로 마음을 비워야 합니다	239
다시 오지 않을 삶이기에 헛되이 흘려보내선 안 됩니다	240
부귀는 물론이고 내 몸조차 잠시 빌린 것에 불과합니다	241
이 거대한 세상도 결국 먼지에 지나지 않습니다	242
세상은 좁고, 시간은 덧없습니다	243
어디에도 얽매이지 않고, 어떤 것에도 흔들리지 않고	244
몸은 떠다니는 배처럼, 마음은 타다 남은 재처럼	245
시드는 육체를 받아들이고, 자연의 소리에 마음을 엽니다	246
마음을 비워낼 수 있어야 세상에 흔적이 남지 않습니다	247
이룬 것을 지키는 마음이 내려놓음의 시작입니다	248
인생의 말년에도 정신은 더욱 맑아져야 합니다	249
담백하게 자기 길을 가되, 깨어 있다고 자랑하지 마세요	250
쇠락의 시선으로 번영의 욕심을 내려놓습니다	251
총애를 받아도 들뜨지 않고, 치욕을 당해도 낙심하지 않습니다	252

죽음 앞에 서고 나서야 헛된 영화였음을 깨닫습니다	253
세상의 맛을 다 겪고 나면 끄덕임조차 무심해집니다	254
죽음 앞에서 흔들리지 않으려면 살아 있을 때 꿰뚫어보아야 합니다	255
하늘이 어떤 시련을 주어도 제 길을 꿋꿋이 가야 합니다	256
은덕은 누리는 것이고 복은 이어가는 것입니다	257
왕성할수록 자신을 조심해야 말년에도 무너지지 않습니다	258
번영할 때 준비하면 시련 앞에서도 흔들리지 않습니다	259
가득 채우려 하면 오히려 쉽게 무너집니다	260
기쁜 마음은 복을 부르고, 마음속 살기는 화를 불러냅니다	261
따뜻한 마음이 있어야 복도 두텁고 오래갑니다	262
자기를 버렸다면 더는 의심하지 말아야 합니다	263
괴로움과 즐거움이 어우러져 한 사람의 복을 만듭니다	264
역경과 곤궁은 삶을 단련하는 불과 망치입니다	265
견디는 힘이 있어야 세상의 길을 헤쳐갑니다	266
마음을 따로 살피려 할수록 도리어 번뇌는 깊어집니다	267
죽음 이후까지 생각하기에 아침의 처량함을 피합니다	268
처음의 마음을 돌아보고, 끝의 길을 살펴야 합니다	269
겉으로 드러내기보다 조용히 쌓는 것이 낫습니다	270
지혜로도 막을 수 없는 뜻밖의 인생 행로가 있습니다	271
기쁨도, 근심도 그 자리에 머물지 않습니다	272
달관한 사람은 괴로움까지 즐거움으로 바꿉니다	273
고요함 속에서야 인생의 참모습이 드러납니다	274
조용한 소리에 귀 기울일 때 세상의 이치를 새삼 깨닫습니다	275
많이 가질수록 불안해지고, 단순할수록 삶은 편안해집니다	276
자연에 몸을 맡길 때 하늘과 땅의 이치를 깨닫습니다	277
기분과 취향이 아니라 생명의 눈으로 보아야 합니다	278

인생의 시작은 마음의 변화에서 비롯됩니다.
흐리고 어두운 마음은 세상을 무겁게 짓누르지만,
맑고 환한 마음은 어둠 속에도 푸른 빛을 선사합니다.
1장에서는 마음을 가다듬는 길을 안내하며,
내면의 평화가 삶을 바꾸는 진정한 힘임을 일깨웁니다.

1장

마음이 바뀌면
인생이 달라집니다

마음이 밝으면 빛이 되고, 어두우면 그림자가 드리웁니다

마음이 빛나고 밝으면
어두운 방 안에서도 푸른 하늘이 있을 것이고,
생각이 어둡고 어리석으면
빛나는 태양 아래에서도 못된 귀신이 나타납니다.

괴로움 속에서도 기쁨을 찾고, 뜻을 이룬 뒤엔 슬픔이 옵니다

괴로운 마음속에서도
오히려 마음을 기쁘게 해주는 정취를 얻을 수 있고,
자신의 뜻이 이루어졌을 때는
도리어 그 뜻을 잃는 슬픔이 따라올 수 있습니다.

병은 깊은 곳에서 시작되니
겉보다 속을 먼저 살펴야 합니다

　간에 병이 생기면 눈이 흐려지고, 콩팥에 병이 들면 귀가 들리지 않습니다. 병은 눈에 잘 보이지 않는 깊은 곳에서 시작하지만, 결국 겉으로 모습을 드러냅니다.
　마찬가지로, 남의 시선이 닿는 곳에서 허물을 숨기려 하기보다는, 아무도 보지 않는 곳에서 스스로를 지키는 것이 가장 먼저입니다.

조급한 성질은 불길 같고, 차가운 마음은 얼음 같습니다

    조급한 성질은 뜨거운 불길과 같아 만나는 모든 것을 태워 버립니다. 인정이 없는 사람은 차가운 얼음과 같아 무엇을 만나든 반드시 얼려 죽입니다.
    꽉 막히고 고집스러운 사람은 고인물이나 썩은 나무와 같아서 생기가 이미 끊어져 있으니, 이 모두는 공로를 세우기도 어렵고 복을 오래 이어가기도 어렵습니다.

마음을 비워야 의리가 머물고, 마음을 채워야 욕심이 들어오지 않습니다

마음은 비우지 않으면 안 되니,
마음이 비어 있어야 의리가 와서 머뭅니다.
마음은 채우지 않으면 안 되니,
마음이 채워져 있어야 물욕이 들어오지 않습니다.

귀와 눈은 외부의 도적이고, 본심은 집안의 지킴이입니다

귀와 눈으로 보고 듣는 것은 바깥에서 오는 도적이고, 정욕과 의식은 안에 있는 도적입니다.

하지만 집주인인 본심이 어둡지 않고 깨어 있어 대청마루에 홀로 단단히 자리 잡고 있다면, 도적도 결국 감화되어 집안의 사람이 될 수 있습니다.

고요할 때 마음은 맑아지고,
담담할 때 참맛을 알게 됩니다

고요한 마음은 참된 모습을 비춥니다. 한가로움 속에 마음의 깊은 기능이 드러납니다. 담담함 속에 마음의 참맛이 깊이 스며듭니다.

마음의 본래 자리를 되찾고 삶의 바른 길을 확인하는 데 있어, 이 세 가지보다 나은 방법은 없습니다.

고요함은 움직임 속에서도, 즐거움은 괴로움 중에도 옵니다

고요한 가운데 고요한 것은 참된 고요가 아니며, 활동하는 와중에도 고요함을 지킬 수 있어야 비로소 타고난 본성의 참된 경지라 할 수 있습니다.

즐거운 자리에서 즐거운 것은 진정한 즐거움이 아니며, 괴로움 속에서도 즐거움을 얻을 수 있어야 마음의 참된 기능을 볼 수 있습니다.

마음을 늘 원만히 살피면
세상은 결함 없이 빛납니다

이 마음을 늘 원만하게 살펴볼 수 있다면, 온 세상은 저절로 결함이 없는 세계가 될 것입니다.

이 마음을 늘 너그럽고 평온하게 놓을 수 있다면, 세상에는 저절로 험하고 비뚤어진 인정이 사라질 것입니다.

참된 마음은 큰일도 해내고, 거짓 마음은 부끄러움뿐입니다

사람의 마음이 한 번 참되면 한여름에도 서리를 내리게 할 수 있고, 견고한 성벽도 무너뜨리며 쇠와 돌도 꿰뚫을 수 있습니다.

그러나 마음이 거짓되고 허망하다면, 몸은 그저 형체만 남았을 뿐 이미 마음은 잃어버린 것이나 다름없습니다. 이런 사람은 타인과 마주할 때 그 모습이 미워 보일 것이며, 혼자 있을 때조차 자신의 그림자마저 부끄럽게 여길 것입니다.

말이 자연스러우면
인품도 본연의 빛을 냅니다

말과 문장이 최고의 경지에 이르면 별다른 기교가 있는 것이 아니라 그저 알맞고 자연스러울 뿐입니다.

사람의 인품이 최고의 경지에 이르면 특별히 돋보이는 무엇이 있는 것이 아니라 그저 본연의 모습이 드러날 뿐입니다.

사소한 일도 허투루 말고,
어두움 속에도 진실해야 합니다

사소한 일에서도 허투루 하지 않고, 어두운 곳에서도 속이거나 숨기지 않으며, 모든 것이 무너져갈 때에도 나태하거나 함부로 하지 않아야 비로소 진정한 영웅이라 할 수 있습니다.

분노와 욕심이 치밀어도
마음만 바꾸면 달라집니다

분노와 욕심이 치밀어도,
그것을 깨닫고 마음을 바꿀 수 있습니다.
깨닫는 자와 행하는 자는 다릅니다.
바로 이 지점에서 마음을 단호히 바꿀 수 있다면,
사악한 마귀 같은 마음조차도
참된 마음으로 바뀔 수 있습니다.
마음을 바꾸면 어둠도 빛으로 바뀝니다.

마음이 어둡고 산만할 때는
스스로를 맑고 밝게 해야 합니다

마음이 어둡고 산만할 때는 스스로를 일깨워 맑고 밝게 해야 하고, 마음이 지나치게 긴장되어 있을 때는 적당히 풀어 여유를 가져야 합니다.

그렇지 않으면 혼미한 병은 사라지더라도, 다시 불안하고 뒤숭숭한 혼란이 찾아오게 될 것입니다.

마음은 우주의 운행처럼
막힘없이 흘러야 합니다

    비 갠 날의 푸른 하늘도 갑자기 변해 천둥과 번개가 몰아칠 수 있고, 거센 비바람도 어느새 걷혀 밝은 달과 맑은 하늘이 드러나기도 합니다. 기운의 흐름은 털끝 하나만큼도 막힌 적이 없고, 우주의 운행 또한 한 치의 지체도 없습니다.
    사람의 마음도 본래 이처럼 막힘없는 흐름을 지녀야 합니다.

욕심을 이기는 길은
앎과 힘을 함께 갖추는 일입니다

사사로운 욕심을 이기고 억제하는 일에 대해, "빨리 깨닫지 않으면 힘써 막기 어렵다"라고 말하는 사람이 있고, "아무리 간파해도 참아 넘기긴 어렵다"라고 말하는 사람도 있습니다.

대체로 '앎'은 마귀를 밝혀내는 하나의 밝은 구슬이고, '힘'은 마귀를 베어내는 하나의 지혜로운 칼이니, 이 둘 중 어느 것도 소홀히 해서는 안 됩니다.

몸은 작은 우주 같아서
감정이 균형을 이뤄야 합니다

    사람의 몸은 하나의 작은 우주와 같으니, 기쁨과 분노가 어긋나지 않게 다스리고, 좋아하고 싫어하는 감정에도 균형이 있어야 합니다.
    세상의 흐름 또한 조화로워야 하니, 서로 원망이 없고 자연에 해가 없도록 마음을 쓰는 것이 평화롭고 건강한 삶의 바탕이 됩니다.

진실한 마음이 없다면
모든 일은 헛되기 마련입니다

사람으로서 단 한 점이라도 진실하고 간절한 마음이 없다면, 결국 한낱 빈 마음의 걸인과 같아 어떤 일을 해도 모두 헛될 것입니다.

세상을 살아가며 원만하고 활달한 기운이 없다면, 결국 한낱 나무인형처럼 굳어져 어디에서든지 막히고 부딪히게 될 것입니다.

올바른 마음이 기초이고,
기초가 튼튼해야 오래갑니다

 올바른 마음가짐은 모든 일의 기초이니, 그 기초가 견고하지 않다면 집의 용마루와 처마가 단단하게 오래갈 수 없습니다.
 마음은 후손의 뿌리와 같으니, 뿌리를 제대로 심지 않고서 가지와 잎이 무성하게 자랄 수는 없습니다.

마음을 비우면 본성이 드러나고, 생각이 맑아야 마음도 밝아집니다

마음을 비우면 본성이 자연히 드러나지만, 마음을 쉬지 않고 본성만을 보려 하면 마치 물결을 헤치며 달을 찾는 것과 같습니다.

생각이 깨끗해야 마음이 맑아지니, 생각을 명료히 하지 않으면서 마음만 밝게 하려 하면 마치 거울을 들여다보며 먼지를 묻히는 것과 같습니다.

마음은 하늘의 모습을 닮아
기쁨과 성냄 모두 자연입니다

마음의 모습은 곧 하늘의 모습입니다. 기쁜 마음은 아름다운 별과 경사스러운 구름이고, 성난 마음은 천둥과 폭우이며, 자애로운 마음은 온화한 바람과 달콤한 이슬이고, 엄숙한 마음은 뜨거운 햇빛과 가을의 찬 서리입니다. 어느 하나를 적게 여길 수 있을까요?

다만, 때에 따라 일어나고 사라지며, 확 트여 막힘이 없으면 그것이 곧 우주의 모습과 같은 마음이 됩니다.

일이 없을 땐 마음을 고요히 하고, 일이 있을 땐 중심을 잡으십시오

일이 없을 때는 마음이 어두워지기 쉬우니,
고요하면서도 깨어 있어 빛나야 합니다.
일이 있을 때는 마음이 바쁘고 흔들리기 쉬우니,
깨어 있으면서도 고요함으로 중심을 잡아야 합니다.

한결같이 자상한 마음은
천지에 온기를 전합니다

한결같이 자상한 마음은
천지 사이에 온화한 기운을 만들어내고,
한 치의 결백한 마음은
영원토록 높은 덕행을 빛나게 드리웁니다.

자연의 소리와 빛도
마음을 전하는 표현입니다

　새소리, 벌레 소리, 꽃과 풀빛까지 모두 마음을 전합니다. 그러므로 우리는 타고난 감각을 맑고 투명하게 다듬어야 합니다. 가슴을 영롱하게 밝혀 마주하는 모든 사물 속에서 마음으로 깨닫는 것이 있어야 합니다.

사물 속 정취를 깨닫고
세상을 마음에 담으십시오

사물 안에 담긴 정취를 터득하면,
세상의 아름다운 풍경이 모두 내 마음속으로 들어옵니다.
눈앞에 스치는 기미를 간파할 수 있다면,
역사 속 영웅들조차 손바닥 안에 있는 듯 느껴집니다.

가난은 막기 어려워도
걱정은 다스릴 수 있습니다

더위를 완전히 없앨 수는 없지만, 더위를 괴로워하는 마음을 다스릴 수 있다면 몸은 언제나 시원한 누대 위에 있는 듯 편안할 것입니다.

가난을 없애지는 못하더라도, 가난을 걱정하는 마음만 없앤다면 마음은 늘 아늑한 보금자리에서 지내는 듯할 것입니다.

산과 샘물을 따라 걷다 보면
마음도 점점 맑아집니다

산속과 샘물 사이를 거닐다 보면, 더럽혀졌던 마음이 조금씩 맑아집니다. 책과 그림 속을 거닐다 보면, 속된 기운이 점점 사라집니다.

스스로를 단련하는 사람은 사물과 어울려 지내더라도 결코 자신의 뜻을 잃지 않으며, 언제나 주변 환경을 빌려 마음을 가다듬습니다.

욕심 가득한 마음은 파도치고, 비운 마음은 평온을 느낍니다

마음을 욕심으로 가득 채운 사람은, 차가운 연못에서도 파도가 이는 것처럼 느끼고, 고요한 숲속에서도 그 평온함을 보지 못합니다.

반대로 마음을 비운 사람은, 무더위 속에서도 서늘한 기운을 느끼고, 시장바닥처럼 시끄러운 곳에서도 그 소란을 전혀 의식하지 않습니다.

냉정한 눈으로 바라보면
괴로움도 줄어듭니다

덥고 시끄러운 가운데서도
한 번 냉정한 눈으로 바라보면,
많은 괴로운 생각을 덜 수 있습니다.
차고 쇠락한 곳에서도
한 번 뜨거운 마음을 가지면,
그 속에서 많은 참된 맛을 발견할 수 있습니다.

마음에 바람과 파도가 없으면
세상도 고요해집니다

마음에 바람과 파도가 없으면,

가는 곳마다 모두

푸른 산과 푸른 물이 펼쳐집니다.

타고난 본성 속에 만물을 기르는 기운이 있다면,

닿는 곳마다 물고기가 튀어 오르고

솔개가 나는 모습을 보게 됩니다.

잡념을 내려놓고
지금에만 머무르면 됩니다

　사람들은 오로지 잡념이 없기를 바라지만, 완전히 없애기는 어렵습니다. 잡념을 없애려 애쓰기보다, 지금 이 순간에 머무르십시오.
　다만 앞선 생각에 얽매이지 않고, 아직 오지 않은 생각을 미리 하지 않으며, 그저 지금 맡은 일을 인연에 따라 처리해나간다면, 자연스럽게 점점 잡념이 사라지는 경지에 이르게 될 것입니다.

세속의 눈은 어지럽고
이치의 눈은 단순합니다

세상의 모든 사물, 사람 사이의 감정, 삶 속의 크고 작은 일들을 세속적인 눈으로 보면 어수선하고 제각기 달라 보입니다. 하지만 본래의 이치로 바라보면, 모든 것은 그저 그러할 뿐입니다. 그렇다면 굳이 무엇을 나누고 구별하며, 무엇을 취하고 버릴 필요가 있을까요?

마음이 깨어 있으면 다 극락이고, 깨닫지 못하면 절도 세속입니다

얽매이느냐 벗어나느냐는 결국 자신의 마음에 달려 있습니다. 마음이 깨어 있다면 푸줏간이나 술집도 곧 극락정토가 될 수 있고, 그렇지 않다면 거문고나 학, 꽃과 풀처럼 맑고 고운 것을 좋아하더라도 결국은 장애가 될 뿐입니다.

옛사람이 "번뇌를 그칠 수 있다면 세속의 삶도 참된 경지가 되고, 깨닫지 못하면 절조차도 속세의 집일 뿐이다"라고 했으니, 참으로 믿을 만한 말입니다.

마음이 맑고 고요하면
모든 순간이 진실입니다

사람의 마음은 대부분 움직일 때 참됨을 잃습니다. 하지만 잡념 하나 없이 맑고 고요하게 앉아 있으면, 구름이 일어나면 그 흐름을 따라 유유히 감응하고, 빗방울이 떨어지면 서늘한 기운에 함께 맑아지며, 새가 울면 흔쾌히 그 소리에 젖고, 꽃이 떨어지면 쓸쓸함 속에서 스스로를 돌아보게 됩니다.

이처럼 어느 순간이든 진실한 경지가 아니랄 수 없고, 어떤 사물이든 깊은 의미가 담겨 있지 않겠습니까?

몸은 일 안에 있어도
마음은 항상 일 밖에 둡니다

파도가 하늘에 닿을 듯 거세게 몰아쳐도, 배 안에 있는 사람들은 그리 두려움을 느끼지 못하지만, 바깥에서 그 광경을 지켜보는 사람들은 간담이 서늘해집니다. 누군가 사람들에게 난동을 부려도, 그 자리에 있으면 말리지 못하지만, 떨어져 지켜보면 냉정해질 수 있습니다.

중심 잡힌 사람은 몸은 일 속에, 마음은 그 너머에 둡니다.

마귀를 물리치려면
자기 마음부터 다스려야 합니다

마귀를 물리치려는 사람은 먼저 자기 자신의 마음부터 다스려야 합니다. 마음이 바로 서면 모든 마귀가 스스로 물러나 복종합니다.

횡포를 바로잡으려는 사람은 먼저 자신의 기질을 고요히 다스려야 합니다. 기질이 평온해지면 외부의 횡포는 감히 침범하지 못합니다.

마음속 얼음과 숯불은
없애기가 매우 어렵습니다

   하늘의 운행에 따라 생기는 추위와 더위는 피하기 쉬워도, 사람의 삶에 따라 생기는 따뜻함과 서늘함은 쉽게 없애기 어렵습니다.
   사람의 삶에 따라 생기는 따뜻함과 서늘함은 없애기 쉬워도, 내 마음에 따라 생기는 얼음과 숯불은 없애기 어렵습니다.
   이 마음의 얼음과 숯불을 없앨 수 있다면, 가슴속은 온화한 기운으로 가득 차고, 가는 곳마다 봄바람이 불 것입니다.

관계의 근본은 태도에 있습니다.
작은 마음씀씀이와 배려가 깊은 신뢰와 덕을 쌓고,
오해와 분노는 금세 멀어지기 마련입니다.
2장에서는 태도를 통해 인연을 가꾸고,
서로를 이해하며 함께 살아가는 지혜를 전합니다.

2장

사람과의 관계는
태도에서 갈립니다

남의 허물은 덮고, 내 마음은 덕으로 채웁니다

남의 사소한 잘못을 꾸짖지 않고,
남의 사적인 비밀을 들추지 않으며,
남의 지난 잘못을 마음에 두지 않아야 합니다.
이 세 가지를 지키면 덕을 기를 수 있고,
해로움도 멀리할 수 있습니다.

덕을 베풀되 흔적 없이,
은혜를 주되 기대 없이

원망은 덕을 베풀 때 생겨나기 쉬우므로, 남이 나를 덕 있는 사람이라 생각하게 하는 것보다는 덕도 원망도 남기지 않는 편이 낫습니다.

원수는 은혜로 인해 생기기 쉬우므로, 내 은혜를 기억하게 하는 것보다는 은혜도 원수도 없이 사는 것이 더 좋습니다.

지나친 호의보다는
작은 정성이 감동을 줄 수 있습니다

천금을 써도

잠깐의 환심을 사기 어려울 때가 있는가 하면,

한 끼 밥으로도

평생 잊지 못할 감동을 줄 수 있습니다.

사랑이 지나치면 오히려 원한으로 돌아갈 수 있고,

아주 각박하게 대했어도

오히려 고마움으로 남을 때도 있습니다.

스스로를 앞세우지 말고, 한쪽 말에 휘둘리지 마십시오

한쪽 말만 믿고 간사한 꾀에 속지 말고,
스스로를 내세워 객기에 휘둘리지 마십시오.
자신의 장점을 앞세워 남의 단점을 들추지 말고,
스스로 서툴다고 해서 남의 능력을 시기하지 마십시오.

남의 허물은 감싸고,
완고함은 부드럽게 다스리세요

남의 단점은 부드럽게 덮어주고 살며시 메워주어야 합니다. 그것을 들추어내고 드러내려 한다면, 결국 자신의 단점으로 남의 단점을 공격하는 셈입니다.

남의 완고함은 따뜻하게 타일러서 바르게 이끌어야 합니다. 화를 내고 미워한다면, 자기의 완고함으로 남의 완고함을 고치려는 것이 됩니다.

과묵한 사람에겐 조심하고
성급한 사람 앞에선 말을 아낍니다

음침하고 말이 적은 사람을 만나면
쉽게 마음을 주지 말아야 하며,
화를 잘 내고
자기 자신을 지나치게 드러내는 사람을 보면
반드시 말을 아껴야 합니다.

속은 줄 알아도 드러내지 말고, 모욕받아도 흔들리지 마십시오

남이 나를 속이고 있다는 것을 알아차려도 굳이 말로 드러내지 않고, 남에게 모욕을 당해도 얼굴빛 하나 바꾸지 않는다면, 그 속에는 헤아릴 수 없는 깊은 뜻이 담겨 있고, 이루 말할 수 없는 유익함이 따르게 됩니다.

경계는 하되 해치지 말고,
의심은 줄이고 살핌은 더하십시오

"남을 해치려는 마음은 가져서는 안 되지만, 남을 경계하는 마음은 반드시 있어야 한다"는 말은 지나치게 안이해지는 것을 경계한 말입니다.

"차라리 남에게 속을지언정, 섣불리 남을 의심하지 말라"는 말은 과도한 살핌이 의심으로 이어지는 것을 경계한 말입니다.

이 두 태도를 지키면, 생각은 명료해지고 덕은 깊어집니다.

칭찬은 조심스럽게 시작하고,
말은 신중하게 꺼내야 합니다

착한 사람과 쉽게 가까워질 수 없다면 먼저 칭찬부터 해서는 안 됩니다. 간사한 사람의 헐뜯음이 그 뒤를 따를 수 있기 때문입니다.

나쁜 사람을 당장 멀리할 수 없다면 먼저 말을 꺼내지 말아야 합니다. 괜한 말이 화근이 되어 재앙을 부를 수도 있기 때문입니다.

가까운 사이일수록
질투가 더 깊을 수 있습니다

따뜻하다가도 서늘하게 변하는 태도는 부귀한 사람이 빈천한 사람보다 더 심하고, 질투와 시기의 마음은 오히려 가까운 혈육 사이가 외부 사람보다 더 심합니다.

이런 마음을 마주할 때 냉철하게 대처하고 평온한 기운으로 스스로를 다스리지 못한다면, 번뇌에 시달리지 않는 날이 거의 없을 것입니다.

공로는 드러나게 베풀고, 은혜는 조용히 베풉니다

공로와 과실의 구분은 조금도 흐릿해서는 안 됩니다. 그 경계가 모호해지면 사람들은 쉽게 게을러집니다.

반면, 은혜와 원수의 구분은 지나치게 분명하게 드러내지 말아야 합니다. 너무 뚜렷하면 오히려 사람들의 반감을 불러일으킬 수 있기 때문입니다.

쥐구멍은 남겨두고, 너무 몰아붙이지 마십시오

간사한 자들을 없애고 아첨하는 자들을 막고자 한다면, 도망갈 구멍 하나쯤은 남겨두어야 합니다.

단 하나의 여지도 없이 몰아붙이면, 마치 쥐구멍을 완전히 틀어막는 것과 같아집니다. 그렇게 되면 쥐들은 달아날 길이 없어져, 오히려 좋은 물건들을 마구 갉아먹게 될 것입니다.

공은 나누지 말고,
환난만 함께하십시오

 허물은 남과 함께 짊어질 수 있어도, 공적은 함께 나누지 않는 것이 좋습니다. 공을 나누려 하면 서로 시기하게 되기 때문입니다.
 환난은 남과 함께 견딜 수 있어도, 안락함은 함께 누리기 어렵습니다. 안락함을 함께하면 도리어 원한이 생길 수 있기 때문입니다.

반성은 길을 열고,
원망은 뿌리를 내립니다

자신에 대해 반성하는 사람에게는 부딪히는 모든 일이 약이 되지만, 남을 탓하는 사람에게는 생각하는 것마다 창과 칼이 됩니다.

반성은 착한 일의 길을 열어주고, 원망은 나쁜 일의 뿌리를 더욱 깊게 만드니, 이 둘의 차이는 하늘과 땅만큼이나 큽니다.

성실함은 믿음에서, 의심은 내 마음에서 시작됩니다

남을 믿는 것은 상대가
반드시 성실해서가 아니라,
자신이 먼저 성실하기 때문입니다.
남을 의심하는 것은
상대가 반드시 속이기 때문이 아니라,
자신이 먼저 속이려는 마음을 품기 때문입니다.

따뜻한 마음은 살리고,
각박한 마음은 시들게 합니다

남에게 너그럽고 후한 마음은
봄바람처럼 따뜻하게 품어,
만물을 살리고 살찌게 합니다.
남에게 모질고 각박한 마음은
겨울눈처럼 얼어붙게 해
만물을 시들고 죽게 만듭니다.

오랜 인연일수록
새로운 마음으로 대합니다

오래 사귄 친구를 만날 때도
마음가짐을 새롭게 해야 합니다.
은밀하고 미묘한 일을 처리할 때는
더욱 분명한 태도를 가져야 합니다.
나이가 지긋한 이를 대할 때는
예의를 더욱 깊이 갖추어야 합니다.

자기 자신에겐 엄격하고, 남에게는 너그러워야 합니다

남의 잘못은 용서해야 하지만,
자신의 잘못은 결코 용서해서는 안 됩니다.
자신의 어려움은 참고 견뎌야 하지만,
남의 어려움은 견뎌주어서는 안 됩니다.

은혜는 점차 후하게, 위엄은 점차 너그러워야 합니다

은혜는 처음에 절약하며 베풀다가 점차 후하게 해야 하며, 처음부터 후하게 베풀고 나중에 절약하면 사람들이 그 은혜를 잊기 쉽습니다.

위엄은 엄격하게 시작해 점차 너그러워져야 하며, 처음 너그럽다가 나중에 엄격해지면 사람들이 그 가혹함을 원망하게 됩니다.

속이는 이는 감동시키고, 사나운 이는 온화함으로 대합니다

속이는 사람을 만나면 정성 어린 마음으로 감동시키고, 사나운 사람을 만나면 온화한 기운으로 따뜻하게 대하며, 제멋대로 행동하는 사람을 만나면 명분과 의리, 기개와 절도로 격려해야 합니다.

이렇게 하면 천하에 나의 교화 안에 들어오지 않을 사람이 없을 것입니다.

몸가짐은 너무 깔끔하게 유지하지 말고, 착함과 나쁨 모두 품으십시오

몸가짐은 지나치게 깔끔하게 유지해서는 안 되며, 모든 더러움과 부끄러움도 받아들일 수 있어야 합니다.

사람들과 사귈 때에도 너무 엄격하거나 분명한 잣대를 들이대지 말고, 모든 착함과 나쁨, 현명함과 어리석음을 포용할 줄 알아야 합니다.

속 좁은 자와는 거리를 두고, 덕 있는 자에겐 아첨하지 마십시오

속 좁은 사람과 원수가 되지 마십시오.
그런 사람들은 원래 상대가 있기 때문입니다.
덕 있는 사람에게 아첨하지 마십시오.
덕 있는 사람은 본래 사사로운 은혜를 베풀지 않습니다.

은혜는 잊어도 원한은 갚고, 타인의 좋은 점은 의심하지 마십시오

남의 은혜를 받으면 비록 깊어도 갚지 않는 반면, 원한은 얕아도 반드시 갚습니다. 남의 나쁜 점을 들으면 비록 불분명해도 의심하지 않지만, 좋은 점은 분명해도 의심합니다. 이는 지나치게 각박한 태도이니 깊이 경계해야 합니다.

비방은 구름처럼 가리고, 아첨은 바람처럼 스며듭니다

비방하고 헐뜯는 사람은
한 점 구름이 해를 가리는 것과 같아
오래지 않아 저절로 밝혀집니다.
아첨하고 빌붙는 사람은
창틈으로 들어온 바람이 살갗에 스며드는 것과 같아
그 해로움을 깨닫지 못합니다.

나쁜 소문에 흔들리지 말고, 착한 척에도 속지 마십시오

　어떤 사람의 나쁜 점을 듣고 곧 미워해서는 안 됩니다. 그것이 비방하는 사람의 분풀이일 수도 있기 때문입니다.
　어떤 사람의 착한 점을 듣고 곧 가까이해서도 안 됩니다. 간사한 사람을 출세의 길로 이끌 수 있기 때문입니다.

사람을 쓸 땐 너그러워야 하고, 벗을 사귈 땐 신중해야 합니다

사람을 쓸 때는 각박해서는 안 됩니다.
각박하면 열심히 하려는 사람조차 떠나갑니다.
벗을 사귈 때는 함부로 사귀어서는 안 됩니다.
함부로 사귀면 아첨하는 사람들이 다가옵니다.

최고 경지에 오른 사람은
걱정도, 의심도 없습니다

   최고의 경지에 오른 사람은 무엇을 생각하고 무엇을 걱정하겠습니까? 어리석은 사람은 식견과 지혜가 없어 함께 학문을 논하고 공적을 세울 수 있습니다. 오직 어중간한 재주를 가진 사람은 생각과 지식이 많아질수록 억측과 의심도 많아져, 일마다 함께하기 어렵습니다.

남을 꾸짖을 땐 적은 허물을,
자신은 더 깊이 꾸짖으십시오

남을 꾸짖을 때에는 상대의 허물 중에서 가장 적은 부분을 택해 꾸짖어야 그 마음이 평온해지고, 자신을 꾸짖을 때에는 아직 없는 허물 가운데서도 있을 법한 허물을 찾아 꾸짖어야 인격이 더욱 성숙해집니다.

'나'라는 생각이 가장 크니, 욕심과 괴로움도 깊어집니다

　세상 사람들은 '나'라는 글자를 가장 참된 것으로 여기기 때문에, 그로 인해 온갖 욕심과 괴로움이 생겨납니다. 옛사람이 "내가 있음을 알지 못한다면, 어찌 다른 것이 귀하다는 것을 알겠는가?"라고 했고, 또 "이 몸뚱이가 내가 아님을 안다면, 괴로움이 어찌 나를 침범하겠는가?"라고 한 말은 정말로 핵심을 찌른 말입니다.

좁은 길에서는 한 걸음 물러서고, 좋은 음식은 나눠 먹으십시오

지나가기 좁은 길에서는 한 걸음 멈춰 남을 먼저 가게 해주십시오. 맛이 아주 좋은 음식은 3할 정도 덜어내어 남에게 맛보게 하십시오.

이것이 세상을 살아가는 데 무엇보다 가장 편안하고 즐거운 방법입니다.

한 걸음 물러섬이
앞으로 나아가는 발걸음입니다

　세상을 살아가면서 한 걸음 양보하는 것을 높이 여기십시오. 물러서는 발걸음이 앞으로 나아가는 발걸음의 기반이 됩니다.
　남을 대할 때 조금이라도 너그럽게 대하는 것이 곧 복이 되고, 남을 이롭게 하는 일이 실제로는 자신을 이롭게 하는 근본이 됩니다.

나쁜 점은 부드럽게 말하고, 좋은 점은 쉽게 가르치십시오

남의 나쁜 점을 지적할 때는
너무 엄격하게 대하지 말고,
그 사람이 감당할 수 있는지를 생각해야 합니다.
남에게 좋은 점을 가르칠 때는
너무 고상한 태도로 대하지 말고,
그가 받아들일 수 있도록 해야 합니다.

덕은 작은 일부터 지키고, 은혜는 보답 없는 사람에게

덕을 지키려면

반드시 아주 사소한 일에서부터 지켜야 하며,

은혜를 베풀려면

보답하지 못할 사람에게 베풀어야 참된 은혜가 됩니다.

세속과 너무 같지도, 너무 다르지도 않아야 합니다

세상을 살아가는 데 있어
세속과 너무 같아져서도 안 되지만,
너무 다르지도 말아야 합니다.
일을 할 때에도
남이 싫어하게 해서도 안 되지만,
남을 기쁘게만 하려고 해서도 안 됩니다.

숲속에서의 삶은 영예 없이
도리만 지키면 충분합니다

숲속에 은거하는 삶에서는,
영예나 치욕이 더 이상 의미를 갖지 않습니다.
도덕과 의리의 길을 따를 때는,
사람들의 따뜻한 인정이든 차가운 무관심이든
그다지 중요하지 않습니다.

열 마디 중 아홉이 맞아도
한 마디 틀리면 허물이 됩니다

열 마디 말에서 아홉이 맞았다고 해서 반드시 신기하다고 칭찬할 일은 아닙니다. 한 마디 말이 틀리면 모든 허물이 한꺼번에 몰려들기 때문입니다.

열 가지 꾀에서 아홉이 이루어졌다고 해서 반드시 성공으로 여길 수도 없습니다. 한 가지 꾀가 틀어지면 온갖 헐뜯는 말들이 무더기로 쏟아지기 마련입니다.

그래서 차라리 침묵할지언정 떠들지 않고, 차라리 서툴러 보일지언정 재주를 부리지 않는 편이 낫습니다.

가족 허물은 거칠게 말하지 말고
은근히 일깨워야 합니다

    집안사람에게 허물이 있다 해서 거칠게 성내서는 안 되고, 그렇다고 가볍게 넘겨서도 안 됩니다.
    이 일이 직접 말하기 어렵다면 다른 일을 빗대어 은근히 말해주어야 하고, 오늘 깨닫지 못했다면 내일을 기다려 다시 일깨워주어야 합니다.
    봄바람이 언 땅을 녹이고 온화한 기운이 얼음을 녹이듯 하는 것이 바로 가정의 올바른 규범입니다.

삶은 꼭두각시놀이 같으니
조종간은 내가 쥐어야 합니다

　사람의 삶이란 본래 하나의 꼭두각시놀음과 같습니다. 중요한 것은 조종간을 스스로 손에 쥐고, 실 한 가닥도 엉키지 않도록 하는 일입니다. 감고 펴기를 내 뜻대로 하고, 가고 멈추기를 마음대로 하여, 털끝 하나라도 남의 손에 끌려 다니지 않을 때, 비로소 이 인생이라는 놀이마당에서 벗어날 수 있습니다.

마음은 변하기 쉽고,
양보하는 지혜가 필요합니다

사람의 마음은 언제든 쉽게 바뀔 수 있고, 세상은 생각보다 훨씬 더 험난할 수 있습니다. 그러니 가서는 안 될 자리 앞에서는 반드시 한 걸음 물러설 줄 아는 지혜가 필요합니다.

비록 나아가도 되는 상황이라 하더라도, 일정한 공은 기꺼이 남에게 양보하려는 마음가짐이 있어야 합니다.

마음이 바르면
말과 행동이 편안해집니다

　마음이 바른 사람은 평소의 말과 행동이 조용하고 편안할 뿐 아니라, 잠든 모습에서도 온화한 기운이 자연스럽게 배어나옵니다.
　반면, 마음이 삐뚤어진 사람은 하는 일마다 어지럽고 사나울 뿐 아니라, 말소리나 웃음소리에서도 거친 기운이 느껴집니다.

선행은 마음에 담지 말고, 허물은 잊지 말아야 합니다

내가 남에게 베푼 선행은 마음에 담아두지 않는 것이 좋고, 내가 남에게 저지른 허물은 잊지 않고 되새겨야 합니다.

남이 나에게 베푼 은혜는 오래도록 기억해야 하고, 누군가 나를 원망했던 일은 가볍게 넘기지 말고 스스로를 돌아볼 줄 알아야 합니다.

환경은 늘 변하기 마련이고,
마음도 뜻대로 되지 않습니다

사람들이 처한 환경은 때로는 잘 맞기도 하고, 때로는 어그러지기도 합니다. 나만 예외적으로 모든 조건이 갖춰지길 바랄 수는 없습니다.

감정 또한 내 마음조차 뜻대로 되지 않는데, 다른 이들의 감정을 모두 내가 바라는 대로 움직이게 할 수는 없습니다.

이런 점들을 서로 살펴보고 비교해가며 스스로를 조율해간다면, 그것만으로도 삶을 잘 살아가는 지혜가 됩니다.

삶의 기둥은 흔들리지 않는 원칙에서 시작됩니다.
바람 부는 세상에서도 흔들리지 않는 내면의 중심,
그것이 곧 인격과 품격을 완성하는 토대입니다.
3장에서는 흔들림 없는 삶의 자세를 제시하며,
진정한 나로 설 수 있는 힘을 길러줍니다.

3장

원칙 있는 삶이 사람의
중심을 세웁니다

소박한 삶이
진짜 힘을 만듭니다

초라한 음식을 먹고 소박하게 살아가는 이들 중에는 얼음처럼 맑고 옥처럼 곧은 이들이 많습니다.

반면, 화려한 옷을 입고 귀한 음식을 즐기는 이들 가운데는 아첨을 자연스럽게 여기며 스스로를 낮추는 경우도 적지 않습니다.

지조는 담백한 태도에서 더욱 선명해지고, 절개는 기름지고 단 것에 물들면 쉽게 흔들립니다.

배우고 익혔으면
당연히 실천해야 합니다

책을 읽고도 행동하지 않으면,
붓과 종이의 하인에 불과합니다.
관직에 있으면서도 백성을 사랑하지 않으면,
관복을 입은 도적일 뿐입니다.
학문을 익혔으면서도 실천을 중시하지 않으면,
그저 입으로만 하는 참선에 지나지 않습니다.
업적을 세우고도 덕을 베풀지 않으면,
눈앞에서 잠시 피었다 지는 꽃처럼 허망할 뿐입니다.

참된 청렴은
그 어떤 겉치레도 없습니다

참된 청렴함은 청렴이라는 이름조차 없습니다.
이름을 내세우는 사람은 바로 탐욕스럽기 때문입니다.
큰 재주는 특별히 재주 부리는 술책이 없고,
술책을 부리는 사람은 곧 서툰 사람입니다.

명예 없는 즐거움이
가장 깊은 기쁨입니다

    사람은 명성과 지위가 즐거움인 것은 알아도, 명성과 지위가 없는 사람의 즐거움이 가장 참된 것이라는 사실은 잘 알지 못합니다.
    사람은 굶주림과 추위가 근심인 것은 알아도, 굶주리지도 춥지도 않은 사람의 근심이 오히려 더 깊을 수 있다는 사실은 모르는 경우가 많습니다.

나쁜 짓과 두려움 속에도
착한 길이 있습니다

　나쁜 짓을 하고 남이 알까 두려워하면, 그 나쁜 짓 속에도 오히려 착한 길로 들어설 여지가 있습니다.
　반대로 착한 일을 하면서 남이 빨리 알아주기를 바라면, 그 착한 마음이 도리어 나쁜 짓의 근원이 되기도 합니다.

자신을 지키는 올곧음이
남을 기쁘게 하는 것보다 낫습니다

　자신의 뜻을 굽혀 남을 기쁘게 하는 것은, 차라리 스스로를 올곧게 지켜 남이 꺼리는 편만 못합니다.
　착한 일을 한 것도 없이 남에게 칭찬을 받는 것은, 차라리 나쁜 일을 하지 않았는데 남에게 꾸지람을 듣는 편만 못합니다.

여러 사람이 의심해도
자신의 뜻을 꺾지 마십시오

여러 사람이 의심한다고 해서 자신의 뜻을 꺾지 말고, 자기 생각만 믿고 남의 말을 가볍게 여기지도 마십시오.

사사로운 작은 은혜를 베풀다 큰 뜻을 훼손하지 말고, 공적인 명분을 빌려 개인적인 감정을 채우려 해서도 안 됩니다.

아름다움에는 추함이 있고, 깨끗함엔 더러움이 함께합니다

아름다움이 있으면 반드시 추함이 함께 있어 서로 짝을 이룹니다. 내가 스스로 아름다움을 자랑하지 않는다면, 누가 나를 밉게 여기겠습니까?

깨끗함이 있으면 반드시 더러움도 있어 짝을 이룹니다. 내가 스스로 깨끗함을 내세우지 않는다면, 누가 나를 더럽다고 하겠습니까?

드러난 착한 일은 적어도,
숨은 착한 일은 큽니다

나쁜 일은 드러나는 것을 꺼리고, 착한 일은 드러내는 것을 꺼려야 합니다.

그래서 드러난 나쁜 일은 오히려 화가 작지만, 숨겨진 나쁜 일은 큰 화를 불러옵니다. 반대로 드러난 착한 일은 공이 작지만, 드러내지 않은 착한 일은 공이 큽니다.

재능만 있고 덕이 없으면, 주인 없는 집과 같습니다

덕성은 재능의 주인이고,
재능은 덕성의 하인입니다.
재능은 있지만 덕성이 없다면,
주인 없는 집에서 하인만이 일을 처리하는 것과 같으니,
어찌 도깨비처럼 혼란스럽게 날뛰지 않겠습니까?

마음을 억지로 바꾸려 말고,
혼란만 걷어내면 됩니다

　물은 물결이 일지 않으면 저절로 고요해지고, 거울은 가리는 것이 없으면 저절로 밝아집니다.
　마음 또한 애써 맑게 하려 할 필요는 없습니다. 혼란함만 걷어내면 맑음은 저절로 드러나고, 기쁨도 억지로 구할 필요가 없습니다. 괴로움만 덜어내면 기쁨은 자연히 따라옵니다.

서두르면 흐려지고,
기다리면 드러납니다

어떤 일은 서두르면 오히려 분명해지지 않지만, 느긋하게 기다리면 저절로 드러나는 법입니다. 조급한 마음으로 분한 기운을 더 키우지 마십시오.

어떤 사람은 억지로 다그치면 따르지 않지만, 놓아두면 스스로 따르기도 합니다. 너무 엄하게 몰아붙이면 오히려 그 완고함만 더하게 됩니다.

감정이나 지식으로만 이해하면
깨달음이 얕아집니다

　생각나는 대로 일을 벌이면 시작하자마자 그만두게 되어, 멈추지 않는 수레바퀴와 다를 바 없습니다.
　감정이나 지식으로만 이해하면 일시적인 깨달음에 그치고 곧 혼란에 빠지기 쉬워, 결국 늘 밝게 빛나는 등불이 되지 못합니다.

일을 맡았다면
손익을 따지지 말아야 합니다

일을 논의하는 사람은 그 일 밖에 자신을 두고 이익과 손해를 냉철히 따져야 하며, 일을 맡은 사람은 그 일 안에 자신을 두고 이익과 손해에 대한 생각을 잊어야 합니다.

공직에선 청렴해야 하고,
가정에선 너그러워야 합니다

공직을 맡을 때에는 두 가지 말이 있습니다. "오직 공정할 때에만 명석함이 생기고, 오직 청렴할 때에만 위엄이 생깁니다."

가정을 꾸릴 때에도 두 가지 말이 있습니다. "오직 너그러울 때에만 가족 간 정이 두터워지고, 오직 검소할 때에만 살림이 넉넉해집니다."

수련은 꾸준해야 하고, 실천은 신중해야 합니다

수련은 백 번 단련하는 쇠처럼 꾸준히 해야 하며, 급하게 이루려는 것은 깊이 있는 수양이라 할 수 없습니다.

실천은 아주 큰 화살을 쏘는 것처럼 신중해야 하며, 경솔하게 쏘는 것은 큰 공을 이루기 어렵습니다.

총명은 드러내지 않고, 재주는 자랑하지 않습니다

매가 조용히 서 있고, 호랑이가 병든 듯 걸어가는데,
바로 그것이 사람을 잡아채고 무는 수단입니다.
그러므로 총명을 드러내지 않고
재주를 자랑하지 않아야
비로소 큰일을 맡을 수 있는 역량을 갖출 수 있습니다.

너무 검소해도 안 되고,
너무 겸양해도 안 됩니다

검소는 아름다운 덕성이지만,
지나치면 쩨쩨하고 인색해져
도리어 바른 도리를 해칩니다.
겸양은 아름다운 행동이지만,
지나치면 쩔쩔매고 조심스러워져
꾸미려는 마음이 많아집니다.

냉철한 눈으로 사람을 살피고,
냉철한 귀로 말을 듣습니다

냉철한 눈으로 사람을 살피고,
냉철한 귀로 말을 들으며,
냉철한 감정으로 느끼고,
냉철한 마음으로 도리를 생각해야 합니다.

기운이 평온한 사람에게는
온갖 좋은 일이 생깁니다

성미가 조급하고 마음이 거친 사람은
한 가지 일도 이루기 어렵지만,
마음이 온화하고 기운이 평온한 사람에게는
온갖 복이 자연히 모여듭니다.

길이 위태롭고 험하면
위험을 피해야 합니다

바람이 세차게 불고 비가 쏟아지는 곳에서는
다리를 단단히 지탱해야 하며,
꽃향기가 진하고 버들가지가 고운 곳에서는
눈높이를 높게 가져야 합니다.
길이 위태롭고 험한 곳에서는
머리를 빠르게 돌려 위험을 피해야 합니다.

나보다 못한 사람을 생각하면
원망이 저절로 사라집니다

일이 뜻대로 되지 않을 때
나보다 못한 사람을 생각하면 원망이 저절로 사라지고,
마음이 게을러질 때 나보다 나은 사람을 생각하면
정신이 저절로 분발하게 됩니다.

유쾌함에 편승해
많은 일을 벌여서는 안 됩니다

기쁨에 이끌려 경솔하게 승낙해서는 안 되며,
술에 취했다고 해서
화를 내어서도 안 됩니다.
유쾌함에 편승해 많은 일을 벌여서도 안 되고,
싫증났다고 해서
일을 제대로 마무리하지 않는 것도 금물입니다.

입은 마음의 문과 같으니
엄밀히 지켜야 합니다

입은 마음의 문과 같아,
엄밀히 지키지 않으면 참된 비밀마저 누설하게 되고,
의지는 마음의 발과 같아,
엄중히 지키지 않으면 어긋난 길로 달려가게 됩니다.

눈앞에 다가온 일에
만족할 줄 알아야 합니다

눈앞에 다가온 일에 만족할 줄 아는 사람은 신선의 경지에 이른 것이고, 만족할 줄 모르는 사람은 범인의 경지를 벗어나지 못한 것입니다.

세상의 모든 조건은, 그것을 잘 쓰는 사람에게는 살리는 기능이 되고, 잘 쓰지 못하는 사람에게는 오히려 해가 되는 기능이 됩니다.

한 걸음 내디딜 때,
한 걸음 물러날 준비를 합니다

    한 걸음 내디딜 때, 곧 한 걸음 물러날 준비까지 생각해두면 숫양의 뿔이 울타리에 걸리는 것 같은 화를 피할 수 있습니다.
    무엇에 손을 댈 때, 먼저 손을 놓을 때를 떠올려두면 호랑이 등에 올라탄 것 같은 위험한 상황에서 벗어날 수 있습니다.

이 몸과 마음을 고요함 속에
편안히 두어야 합니다

이 몸을 늘 한가한 곳에 두고 산다면,
영예나 이익을 내세워도
누가 나를 마음대로 부릴 수 있겠습니까?
이 마음을 고요함 속에 늘 편안히 두고 산다면,
시비나 이해로
누가 나를 속일 수 있겠습니까?

삶의 중심은
반드시 '나'에 두어야 합니다

내가 중심이면, 얻어도 지나치게 기뻐하지 않고, 잃어도 깊이 근심하지 않게 됩니다. 세상의 모든 일이 그저 마음 따라 거닐 수 있는 들판처럼 여유로워집니다.

반대로, 사물을 중심에 두고 나를 그에 맞추면, 자기 뜻에 어긋나는 일엔 금세 미움을 품고, 뜻에 맞는 일엔 집착하게 됩니다. 결국은 털끝 하나에도 쉽게 얽매이게 됩니다.

어떤 일이든 바르게 배우려면
온 힘을 다해 정진해야 합니다

　새끼줄로 만든 톱도 나무를 자를 수 있고, 물방울도 돌을 뚫을 수 있습니다. 그러니 어떤 일이든 바르게 배우려는 사람은 반드시 온 힘을 다해 정진해야 합니다. 물이 모이면 시냇물이 되고, 오이가 익으면 꼭지가 저절로 떨어지듯, 삶의 길은 결국 자연의 흐름에 자신을 맡기는 데에서 완성됩니다.

이유 없이 얻은 복과 재물은
반드시 화를 부릅니다

　분수에 맞지 않는 복과 이유 없이 얻은 재물은, 조물주의 낚시미끼이거나 세상 사람들이 파놓은 함정일 뿐입니다. 이런 상황에서 눈을 높여 바라보지 못하면, 그 덫에 빠지지 않고 버티는 사람이 거의 없습니다.

겉은 투명하되
속은 절제된 태도여야 합니다

　마음을 바르게 세우려는 사람의 자세는 하늘처럼 푸르고 해처럼 밝아야 하니, 남들이 알지 못하게 숨겨서는 안 됩니다. 그러나 그 사람의 재능은 옥이나 구슬처럼 감춰야 하니, 남들이 쉽게 알아차리게 해서는 안 됩니다.
　겉은 투명하되 속은 절제된 태도, 그것이 바로 중심 있는 삶의 모습입니다.

마음에 들지 않는 일은
늘 마음속에 품고 있어야 합니다

귓속에는 늘 귀에 거슬리는 말이 들리고, 마음속에는 늘 마음에 들지 않는 일을 품고 있어야 비로소 그것이 덕을 기르고 행동을 닦는 숫돌이 됩니다.

만약 듣는 말마다 귀를 즐겁게 하고 겪는 일마다 마음을 유쾌하게만 만든다면, 그 인생은 결국 독약 속에 빠지게 되는 셈입니다.

마음가짐이 굳건하고
티없이 맑아야 합니다

　마음가짐이 굳건하고 맑아야 비로소 책을 읽고 옛것을 배울 수 있습니다. 그렇지 않으면 착한 행동을 보더라도 그것을 훔쳐다 사욕을 채우고, 착한 말을 들어도 그것을 빌려 자신의 단점을 감추려 합니다.
　이것은 마치 외적에게 병기를 내어주고, 도둑에게 양식을 갖다 바치는 것과 다르지 않습니다.

받고 누리는 것은
분수를 넘지 말아야 합니다

총애와 이익에 있어서는
남보다 앞서려고 하지 말고,
덕행과 업적에 있어서는
남보다 뒤처지려 하지 마십시오.
받고 누리는 것은 분수를 넘지 말고,
수양과 실천은 분수 안에서 줄이지 말아야 합니다.

완전한 명성을
혼자 차지해선 안 됩니다

완전한 명성과 아름다운 절개는 혼자 차지해서는 안 되니, 조금이라도 나누어 남에게 베풀어야 손해를 멀리하고 몸과 마음을 온전히 지킬 수 있습니다.

치욕스러운 행위와 더러운 이름은 남에게만 미루어서는 안 되니, 조금이라도 끌어안아 자기 것으로 받아들여야 영광을 간직하고 덕을 기를 수 있습니다.

자신의 재능을
자랑하고 과시하면 안 됩니다

　부유하고 귀한 집은 너그럽고 후덕해야 하지만, 도리어 시기하고 각박하다면 이는 부유하고 귀하면서도 동시에 가난하고 천하게 행동하는 것이니, 어찌 제대로 누릴 수 있겠습니까?
　총명하고 명석한 사람은 자신의 재능을 숨기고 감추어야 하지만, 도리어 자랑하고 과시한다면 이는 총명하면서도 어리석고 멍청한 병폐를 가진 것이니, 어찌 실패하지 않겠습니까?

잔꾀와 기교는 알아도
사용하지 않아야 합니다

　권세와 이익, 분쟁과 사치를 멀리하는 사람은 고결하며, 그런 것들과 가까이 있으면서도 물들지 않는 사람은 더욱 고결합니다.
　잔꾀와 기교를 모르는 사람은 고상하지만, 그것을 알면서도 사용하지 않는 사람은 더욱 고상합니다.

잔치를 벌이며 즐길 때는
조심하고 근심해야 합니다

어려움에 처했을 때는 걱정하지 않고,
잔치를 벌이며 즐길 때는 조심하고 근심해야 합니다.
권력자나 부유한 사람을 만나도 두려워하지 않으나,
불쌍하고 외로운 사람을 대할 때는
마음이 흔들리게 마련입니다.

권력을 통해
부귀와 명예를 얻어서는 안 됩니다

　부귀와 명예가 도덕에서 비롯된 것은 숲속에 핀 꽃처럼 저절로 무성해지지만, 공적과 사업에서 비롯된 것은 화분 속에 핀 꽃처럼 옮겨지면 시들기도 하고 다시 살아나기도 합니다.
　만약 권력을 통해 얻은 것이라면, 그것은 마치 꽃병 속에 꽂힌 꽃처럼 뿌리를 내리지 못했기에 서서히 시드는 것을 기다려야 할 뿐입니다.

온화한 마음으로
자신을 다스려야 합니다

절개와 의리가 있는 사람은
온화한 마음으로 자신을 다스려야
다툼의 길을 열지 않으며,
공적과 명예가 있는 사람은
겸손한 태도로 덕을 이어가야
질투의 문을 열지 않습니다.

삶에서 자기 자리를 지키려면 적절한 융통성이 필요합니다

자신의 위치를 확실히 하기 위해서는 주변보다 한 단계 높은 곳에서 넓고 높은 시야를 가져야 합니다. 그렇지 않으면 '먼지 속에서 옷을 털고, 진흙 속에서 발을 씻는' 것처럼, 늘 불편하고 어려운 상태에 머무를 수밖에 없습니다.

반대로, 너무 고집스럽게 한 발자국도 물러서지 않으면 '불나비가 촛불에 뛰어드는' 것처럼 자신을 다치게 하고, '숫양이 울타리를 들이받는' 것처럼 고통을 겪는 상황이 됩니다.

욕망의 바다는 끝없이 넓고 깊습니다.
그 속에서 우리가 길을 잃지 않으려면
집착을 내려놓고 본질을 보는 눈이 필요합니다.
4장에서는 욕망에 휘둘리지 않는 절제의 길을 말하며,
마음의 자유를 찾는 여정을 돕습니다.

4장

욕망과 집착을 좇다 보면
결국 길을 잃습니다

욕망은 가볍게 시작되어도
금세 깊은 덫이 됩니다

욕망과 관련된 일은
잠깐의 편리함에 기뻐하다 보면,
손끝에만 스쳐도 어느새 깊이 빠져들게 됩니다.
반면, 도리에 관한 일은
조금만 어렵다고 피하려 들면,
금세 도리에서 멀어지게 됩니다.

도리를 따를수록 마음이 트이고
욕망을 좇을수록 길이 막힙니다

하늘의 도리로 가는 길은 매우 넓어,
잠시라도 마음이 그 길을 따르며 노닐면
가슴속이 곧 넓어지고 밝아집니다.
반면, 사람의 욕망으로 가는 길은 매우 좁아,
조금이라도 발을 들이면
눈앞이 온통 가시덤불과 진흙탕이 되고 맙니다.

욕망이 고개를 들기 전에
곧장 마음을 되돌리세요

생각이 일어난 바로 그 자리에서 욕망의 길로 흘러가고 있음을 문득 깨달았다면, 즉시 도리의 길로 끌고 와야 합니다.

한 번 일어난 생각을 바로 알아차리고, 알아차리는 즉시 되돌리는 이 과정이야말로 전화위복과 기사회생의 핵심입니다. 절대 가볍게 넘겨서는 안 됩니다.

욕심은 불꽃처럼 번져서
끝내 자신도 태웁니다

   부유하고 귀한 환경에서 자란 사람의 욕심은 맹렬히 타오르는 불과 같고, 권력에 대한 집착은 매섭게 번지는 불꽃과 같습니다.
   만약 조금이라도 맑고 서늘한 기운으로 자신을 다스리지 못하면, 그 불길이 남을 태우지 않는다 해도 결국엔 자신을 태우고 말 것입니다.

즐거움도 과하면 독이 되고,
절제가 나를 지켜줍니다

입에 달고 상쾌한 맛은 모두 창자를 상하게 하고 뼈를 썩게 하는 독약이지만, 절반쯤에서 멈추면 탈이 없습니다.

마음을 즐겁게 하는 일은 모두 몸을 망치고 덕을 잃게 하는 함정이지만, 절반쯤에서 멈추면 후회가 없습니다.

욕심 없이 사는 검소함이
과시된 재능보다 낫습니다

　사치스러운 사람은 아무리 부유해도 만족할 줄 모르니, 어찌 검소한 사람이 가난하면서도 마음에 여유가 있는 것과 같을 수 있겠습니까.
　재능 있는 사람은 남모르게 애써도 원망을 사게 되니, 어찌 서툰 사람이 한가하게 살면서도 자기 본성을 온전히 지키는 것과 같을 수 있겠습니까.

빨리 피는 욕망보다
늦게 무르익는 절제가 낫습니다

    복숭아와 자두가 아무리 곱다 해도, 어찌 푸른 소나무와 비취빛 잣나무의 곧은 절개만 하겠습니까?
    배와 살구가 아무리 달다 해도, 어찌 노란 유자와 푸른 귤의 맑고 은은한 향기만 하겠습니까?
    '짙다고 해도 일찍 시드는 것은 옅게 오래가는 것만 못하며, 일찍 빼어난 것은 늦게 이루는 것만 못하다'는 사실은 믿을 만한 이치입니다.

성공과 삶에 집착해도
결국엔 반대편이 옵니다

'성공이 있다면 반드시 실패도 있다'는 것을 안다면,
성공하려는 마음에 그토록 집착할 필요는 없습니다.
'삶이 있다면 반드시 죽음도 있다'는 것을 안다면,
삶을 지키는 방법에 그토록 애태울 필요는 없습니다.

밝은 길을 두고도
욕망에 이끌려 망칩니다

하늘은 맑고 달은 밝습니다. 어느 하늘이든 날아가지 못할 이유가 없습니다. 그런데도 불나방은 굳이 밤의 촛불로 날아듭니다.

샘물은 맑고 풀잎은 푸르니, 무엇을 마시고 먹지 못할 이유가 없습니다. 그런데도 올빼미는 끝내 썩은 쥐를 찾아 먹습니다.

아아, 이 세상에 불나방이나 올빼미처럼 사는 이들이 얼마나 많은지요.

얽매임과 집착에서 벗어나야
자유롭게 살아갑니다

뗏목을 타고 강을 건넌 뒤에는 곧 뗏목을 버릴 줄 알아야, 비로소 일에 얽매이지 않는 자유로운 사람이 될 수 있습니다.

반면, 당나귀를 타고 있으면서도 여전히 당나귀를 찾고 있다면, 그것은 끝내 집착에서 벗어나지 못한 사람의 모습일 것입니다.

기쁨과 슬픔의 뿌리를 알면
욕망도 저절로 사라집니다

　물질적인 욕망에 얽매이면, 내 삶이 괴롭고 슬프다는 것을 알게 됩니다. 반대로, 참된 본성에 따라 자유롭게 살아가면, 내 삶이 얼마나 기쁘고 가벼운지 알 수 있습니다.
　슬픔의 이유를 깨닫게 되면, 세속적인 감정이 그 자리에서 저절로 무너지게 됩니다. 반대로, 기쁨의 이유를 알게 되면, 성인의 경지에 이르지 않아도 그 자리에 가까워지게 됩니다.

물질적인 욕심이 걷히면
비로소 진짜가 보입니다

마음속에 조금의 물질적인 욕심도 없다면,
그것은 마치 화롯불 위에서 눈이 녹고,
따사로운 햇살 아래 얼음이 녹는 것과 같습니다.
눈앞에 밝은 빛이 한 줄기 비추면,
그제야 달빛이 푸른 하늘 위에 있고,
그림자가 잔잔한 물결 위에 드리워져 있음을
비로소 볼 수 있습니다.

마음도 바람도
자연스러울 때 맑아집니다

　마음은 우연히 맞아떨어져야 비로소 아름다운 경지를 이루고, 사물은 본래 타고난 모습대로 드러나야 참된 기능을 가질 수 있습니다. 만일 거기에 조금이라도 인위적으로 손을 대고 배치하려 들면, 진정한 맛은 금세 줄어들게 됩니다.
　백거이가 "마음은 아무 일 없어야 편안하고, 바람은 자연스럽게 불어야 맑다"고 한 말은 참으로 깊은 뜻을 담고 있습니다.

본성이 맑으면
삶이 저절로 편안해집니다

　타고난 본성이 맑고 밝으면, 그저 끼니를 때우고 목을 축이는 일상만으로도 몸과 마음은 편안해집니다.
　반대로, 마음이 가라앉지 않고 어지럽다면, 비록 참선에 대해 말하고 도를 읊는다 해도 모두 정신과 영혼을 희롱하는 일일 뿐입니다.

가난해도 즐거우면
인생의 맛은 더 깊어집니다

베로 만든 이불을 덮고 움막에 살아도
마음이 즐겁다면,
이는 곧 천지의 조화로운 기운을 누리는 삶입니다.
풀 한 줌으로 끓인 국에 밥을 말아 먹더라도
그 맛에 만족한다면,
그는 곧 인생의 담백한 참맛을 아는 사람입니다.

마음이 비어 있으면
세상도 고요해지기 마련입니다

　이치가 고요하면, 일도 저절로 고요해집니다. 그런데 일을 놓아버리고 이치에만 집착하는 것은, 그림자를 없애려다 도리어 형체까지 잃는 것과 같습니다.
　마음이 비어 있으면 세상도 고요해지기 마련입니다. 그런데 세상을 등지고 마음만 지키려 하는 것은, 비린 것을 그대로 두고 파리만 쫓으려는 것과 다르지 않습니다.

복도 삶을 구하기 전에
그 이면을 먼저 알아야 합니다

병이 든 뒤에야 건강이 소중한 줄 알고, 난세를 겪은 뒤에야 평화가 복이라는 걸 알게 된다면, 그것은 이미 늦은 깨달음입니다.

복을 바란다면 먼저 그것이 화의 근원이 될 수 있다는 것을 알고, 삶을 탐한다면 먼저 그것이 죽음의 원인이 될 수 있음을 안다면, 그야말로 탁월한 통찰이라 할 만합니다.

이익을 탐하는 마음이
곧 인생의 불구덩이입니다

인생에서 복의 경지와 화의 구역은 모두 마음에서 비롯됩니다. 그래서 불교에서는 "이익을 탐하는 마음이 곧 불구덩이고, 집착하고 아끼려는 마음이 괴로움의 바다가 된다. 하지만 마음이 한 번 맑고 깨끗해지면 그 불구덩이도 연못이 되고, 한 번 경계하고 깨어나면 배가 피안(彼岸, 번뇌를 건너 도달하는 '저편'인 해탈의 경지-옮긴이)에 이른다"라고 했습니다.

마음을 조금만 바꾸어도 세상은 전혀 다른 경계가 됩니다. 그러니 어찌 신중하지 않을 수 있겠습니까?

내 마음이 크면
모든 것이 가벼워집니다

마음이 넓으면
아무리 많은 돈도
질그릇처럼 가볍게 여깁니다.
마음이 좁으면
머리카락 하나도
수레바퀴처럼 무겁게 여깁니다.

슬픔과 기쁨을 넘어
있는 그대로 살아갑니다

　자식을 낳을 때는 어머니의 목숨이 위태롭고, 돈이 많이 쌓일 때는 도둑의 눈길을 끌게 됩니다. 그렇다면 어떤 기쁨이 진정한 기쁨이겠습니까?
　가난하면 씀씀이를 줄일 수 있고, 병이 들면 몸을 아끼는 법을 배우게 됩니다. 그렇다면 어떤 걱정이 또 진정한 걱정이겠습니까?
　그래서 세상의 이치를 통달한 사람은 순탄함과 역경을 하나로 보고, 기쁨과 슬픔조차도 초월해 잊고 살아갑니다.

무엇이든 적당할 때가
가장 아름답고 즐겁습니다

꽃은 반쯤 피었을 때 가장 아름답습니다. 술은 조금 취했을 때까지가 가장 흥겹습니다. 하지만 꽃이 만개하면, 술이 곤드레만드레할 때까지 취하면, 그 끝은 금세 흐트러지고 흉해지기 마련입니다.

지금 한창 일이 잘 풀리는 사람이라면, 반드시 이 이치를 떠올려야 합니다.

권세를 좇으면
재앙은 빠르게 다가옵니다

따뜻한 곳만 쫓아다니고 권세에 빌붙어 얻은 재앙은

매우 비참하고 빠르게 다가오지만,

고요하게 살며 한가로움을 지키는 삶은

가장 담백하고 오래갑니다.

권세와 부귀도
끝내는 허망하게 녹아내립니다

권세와 부귀를 가진 사람들이 용처럼 날뛰고, 영웅들은 범처럼 싸웁니다. 하지만 냉철한 눈으로 바라보면 개미가 비린내 나는 곳으로 모여들고, 파리가 피를 다투는 것과 같습니다.

시비의 다툼이 벌떼처럼 일어나고, 득실을 따지는 모습이 고슴도치처럼 번집니다. 하지만 냉철한 감정으로 살펴보면 마치 풀무가 쇠를 녹이고, 끓는 물이 눈을 녹이는 것과 같습니다.

이익보다 더 해로운 건
감춰진 명예욕입니다

이익을 좋아하는 사람은
도의 바깥으로 벗어나 그 해로움이 눈에 드러나지만
미미한 편이고,
명예를 좋아하는 사람은
도의 안으로 들어와 그 해로움이 속에 감춰져 있으니
훨씬 심각합니다.

죽음과 병을 떠올리면
욕망의 열기가 식습니다

　색욕이 불타올라도 병들 때를 생각하면 흥취가 싸늘한 재처럼 가라앉는 것과 같습니다. 명예와 이익이 달콤해도 죽음을 떠올리면 맛이 밀랍을 씹는 것과 같습니다.
　사람이 늘 죽음과 병을 근심하고 걱정하다 보면, 헛된 행위가 사라지고 도리를 따르는 마음이 길러질 수 있습니다.

쥐와 나방을 위한 마음, 그것이 사람됨의 시작입니다

'옛사람들이 쥐를 위해 늘 밥을 조금 남겨두고,
나방을 가엾게 여겨 등불을 켜지 않았다'는 것은
우리 삶에 중요한 계기가 됩니다.
이런 마음이 없다면,
사람은 그저 흙과 나무로 된 몸에 불과할 뿐입니다.

절제와 배려의 삶은
복이 되어 이어집니다

자신의 마음을 어리석게 하지 않고,

남에게는 정성을 아끼지 않으며,

물자와 능력을 낭비하지 않아야 합니다.

이 세 가지는 우리 삶에 깊은 자비와 배려를 심어주어

주변 사람들의 삶을 안정시키고,

나아가 후손들에게도 복을 이어줍니다.

내리막을 먼저 떠올리면
지금 교만해지지 않습니다

부유하고 귀한 처지에 있을 때는
가난하고 천한 처지였을 때의 아픔을
돌이켜봐야 합니다.
젊고 씩씩할 때는
쇠락하고 늙었을 때의 쓰라림과 고달픔을
미리 생각해봐야 합니다.

마음의 크기만큼
삶의 흐름이 달라집니다

어진 사람은 마음이 너그럽고 열려 있어
복을 후하게 받고 기쁜 일이 오래 지속되며,
일마다 너그럽고 열린 기상을 이룹니다.
반면, 비루한 사람은 생각이 좁고 급해
복이 박하고 은택이 오래가지 못하며,
모든 일이 작고 급박하게 진행됩니다.

남의 곤궁함을 업신여기면 하늘이 끝내 벌을 내립니다

하늘은 한 사람을 현명하게 해 여러 사람들의 어리석음을 깨우치게 했으나, 그는 세상에서 오히려 잘난 체하며 남의 단점을 들추어냅니다.

하늘은 한 사람을 부유하게 해 여러 사람들의 곤궁함을 구제하게 했으나, 그는 세상에서 가진 것을 자랑하며 남의 곤궁함을 업신여깁니다.

참으로 그런 사람은 하늘로부터 벌을 받을 것입니다.

삶에도, 죽음에도
품격 있는 자취를 남기세요

살아 있는 동안에는
마음을 너그럽게 열어두어
사람들이 불평하거나 탄식하지 않도록 해야 합니다.
죽은 뒤에는
은혜와 덕이 오래도록 전해져
'그분이 남긴 은혜가 끝이 없다'고
사람들이 생각하게 해야 합니다.

베풂에는 마음이 먼저고, 보답은 바라지 않아야 합니다

　은혜를 베푸는 사람이 내면에 자신을 의식하지 않고, 밖으로는 남을 의식하지 않는다면, 그가 건넨 한 줌의 곡식도 수만 섬의 은혜에 버금갈 수 있습니다.

　반면에, 재물로 도움을 주면서 자신이 베푼 것을 따지고, 남이 보답하기를 바란다면, 수백 냥을 주었어도 한 푼의 공로도 남기기 어렵습니다.

마음이 흔들릴 땐 비우고,
마음이 단단할 땐 견뎌내세요

아직 마음이 안정되지 않았다면, 시끄러운 세상과 거리를 두고 마음이 욕망할 만한 것들과 마주하지 않도록 해 어지러워지지 않게 해야 합니다. 그렇게 해서 내면의 고요한 본성을 맑고 바르게 다듬어야 합니다.

마음이 이미 단단해졌다면, 다시 세상 속으로 들어가 욕망을 자극하는 것들과 마주하더라도 흔들리지 않도록 해야 합니다. 그렇게 해서 마음의 원만한 기운과 중심을 더욱 키워가는 것이 옳습니다.

귀는 흘려보내야 하고,
마음은 비워두어야 합니다

귀는 폭풍이 골짜기에 소리를 던지는 것과 같아,
그 소리를 그저 흘려보내고 머물게 하지 않으면
시비도 함께 사라집니다.
마음은 달이 연못에 빛을 담그는 것과 같아,
비워두고 집착하지 않으면
사물도 나도 모두 잊을 수 있습니다.

서두르지 않으면
더 멀리 날 수 있습니다

오랫동안 엎드려 있던 것은 반드시 높이 날게 되고,
먼저 핀 것은 오히려 유독 더 빨리 시듭니다.
이런 이치를 알게 되면,
헛디딜까 두려워 조급하게 움직이거나
성급한 마음으로 앞서 나가려는 생각을 덜 수 있습니다.

공로를 인정받기보다
원망이 남지 않게 하세요

세상을 살아가면서
굳이 공로를 인정받으려 애쓸 필요는 없습니다.
허물이 없는 삶 자체가 이미 가장 큰 공입니다.
남에게 무언가를 베풀 때도
그 은덕에 감동하길 바라지 않아도 됩니다.
원망이 남지 않는 것이야말로 진정한 은덕입니다.

모든 것은 조화롭고 균형을 이룰 때 빛납니다.
과함도 모자람도 아닌, 자연스러운 흐름 속에서
삶은 비로소 제 모습을 찾습니다.
5장에서는 조화와 절제를 통해
건강한 삶의 균형을 유지하는 법을 가르칩니다.

5장

지나침 없는 조화가
삶의 균형을 만듭니다

넉넉함은 크기에 있지 않고
느낄 줄 아는 마음에 있습니다

정취를 느끼는 일은
많이 가졌느냐에 달린 것이 아닙니다.
화분만 한 연못과 주먹만 한 돌 사이에도
안개와 노을은 충분히 깃들 수 있습니다.
좋은 경치는 멀리 있는 것이 아닙니다.
쑥으로 만든 창, 대나무로 엮은 집에서도
바람과 달빛은 늘 넉넉하게 머뭅니다.

성공에도 마음을 거두고,
실패에도 뜻을 지켜보세요

겉으로는 은혜처럼 보이는 일도 자칫하면 해로움으로 바뀔 수 있습니다. 그러니 일이 잘 풀릴 때일수록 오히려 일찌감치 마음을 거두는 지혜가 필요합니다.

반대로, 겉으로는 실패처럼 보이는 일에서도 뜻밖에 성공이 싹틀 수 있습니다. 그러니 일이 원하는 대로 흘러가지 않는다고 해서 쉽게 포기해서는 안 됩니다.

억눌러 묶기보다, 자라게 하는 마음을 가지세요

배우는 사람은 두려워하고 조심하는 마음가짐을 가지되, 시원스러운 맛도 지니고 있어야 합니다.

만약 모든 것을 억눌러 묶고 청렴함만을 고집한다면, 가을의 쇠락함만 남고 봄의 생명력은 사라질 것입니다. 그렇게 된다면 어떻게 만물을 자라게 할 수 있겠습니까?

맑고 바르게 살되,
모나게 굴지는 마세요

기상은 높고 트여 있어야 하지만,
거칠거나 경솔해서는 안 됩니다.
마음가짐은 꼼꼼해야 하지만,
지나치게 자질구레해서는 안 됩니다.
취미는 맑고 깨끗해야 하지만,
편협하거나 메말라서는 안 됩니다.
지조는 엄격하고 분명해야 하지만,
지나치게 드러내서는 안 됩니다.

청렴하면서도 포용하고,
강직하더라도 유연하세요

청렴하면서도 포용력이 있을 수 있고,
어질면서도 결단을 내릴 수 있어야 합니다.
명석하면서도 지나치게 따지지 않으며,
강직하면서도 모든 것을 바로잡으려 들지 않아야 합니다.
꿀을 발라도 너무 달지 않고,
해산물이라도 너무 짜지 않은 것처럼,
이런 균형이야말로 아름다운 덕입니다.

한가할 때 다져놓은 마음이
바쁠 때 삶을 이끌어줍니다

한가할 때 헛되이 시간을 보내지 않으면,
바쁠 때 요긴하게 쓸 수 있습니다.
고요할 때 공허함에 빠지지 않으면,
활동할 때 힘이 납니다.
어두울 때 남을 속이거나 숨기지 않으면,
밝아졌을 때 드러나도 거리낌이 없습니다.

고요할 때 세운 중심이
혼란 속에서도 나를 지켜줍니다

　바쁜 가운데서 한가로움을 얻으려면, 한가할 때 마음이 의지할 단단한 중심을 미리 마련해두어야 합니다. 시끄러운 상황에서 고요함을 얻으려면, 고요할 때 마음을 다스릴 주체를 반드시 세워두어야 합니다.
　그렇지 않으면 상황에 따라 마음이 흔들리고, 일에 따라 쉽게 쏠리게 됩니다.

화려한 순간보다
버텨낸 모습이 더 진실합니다

꾀꼬리가 울고 꽃이 흐드러진 산과 골짜기의 풍경은
모두 하늘과 땅의 덧없는 모습일 뿐입니다.
물이 마르고 나뭇잎이 떨어져
앙상하게 드러난 바위와 벼랑이야말로
천지의 진짜 얼굴을 보여줍니다.

넓고 한가로운 세상도
조급한 마음엔 답답할 뿐입니다

세월은 본래 넉넉하게 흐르지만
조급한 사람은 시간이 촉박하다고 느낍니다.
천지는 본래 한없이 넓지만
비루한 사람은 세상이 좁다고 여깁니다.
바람과 꽃, 눈과 달은 본래 한가로운 것이지만
아등바등 사는 사람은 그것들을 쓸모없다고 치부합니다.

분주함을 돌아봐야
고요함의 가치를 알게 됩니다

냉정한 시선으로 열광했던 순간을 돌아보면
그 분주함이 결국 무익했음을 알게 됩니다.
바쁜 곳에서 한가한 자리로 물러나보고 나서야
고요함 속에서 느껴지는 맛이
오래 남는다는 것을 깨닫게 됩니다.

마음이 넉넉하면
시간과 공간도 넉넉해집니다

시간의 길고 짧음은 생각하기 나름이고,
공간의 넓고 좁음은 마음먹기에 달려 있습니다.
그래서 마음이 여유로운 사람은
하루도 천년처럼 아득하게 느끼고,
의지가 드넓은 사람은
좁은 방 안에서도 천지 사이에 있는 듯 넓게 느낍니다.

앞서려고 다투는 길은 좁고, 물러서면 삶이 넓어집니다

앞서 나가려 다투는 길은 좁기 마련이라,
한 걸음만 물러서면 길은 넓고 평탄해집니다.
진하고 기름진 맛은 오래가지 못하기 마련이라,
열에 하나쯤은 맑고 담백하게 해두어야
오히려 더 오래 즐길 수 있습니다.

고요함을 좇는 마음조차
하나의 집착이 될 수 있습니다

고요함을 좋아하고 시끄러움을 싫어하는 사람은 종종 사람을 피해 조용한 곳을 찾습니다. 하지만 사람이 없는 곳에 뜻을 두는 그 마음이 이미 '나'를 의식하는 것이고, 고요한 상태에만 머물려는 집착이 오히려 동요의 씨앗이 됩니다.

이런 이치를 깨닫지 못한 채, 어찌 남과 나를 하나로 여기고 고요함과 움직임을 모두 벗어난 경지에 이를 수 있겠습니까?

시듦 속에서도
생명은 다시 피어납니다

풀과 나무가 시들고 잎이 떨어지자마자
곧 뿌리에서 새싹이 돋아납니다.
계절이 아무리 얼어붙고 추워도
동지가 지나면 양기의 기운이 다시 돌아옵니다.
이처럼 차가운 기운 속에서도
만물은 살고자 하고 또 살리려는 뜻을 잃지 않으니,
그 안에서 우리는 천지의 깊은 마음을
조용히 엿볼 수 있습니다.

세상이 괴로운 게 아니라
마음이 괴로움을 만들 뿐입니다

사람들은 영예와 이익에 얽매여 쉽게 말하곤 합니다.

"세상은 티끌 같고, 인생은 괴로움의 바다다."

하지만 구름은 여전히 희고, 산은 푸르며, 냇물은 흐르고, 돌은 그 자리에 서 있습니다. 꽃은 피고, 새는 지저귀며, 골짜기는 메아리치고, 나무꾼은 콧노래를 부릅니다.

세상이 본래 티끌도 아니고, 바다가 괴로움도 아닙니다. 다만 스스로가 제 마음에서 티끌과 고통을 만들어내고 있을 뿐입니다.

진짜 마음과 마주할 용기를
고요한 밤에 내보세요

   밤이 깊어 세상이 고요할 때, 홀로 앉아 자신의 마음을 들여다보면, 거짓된 것들은 사라지고 오직 참된 마음만이 드러날 것입니다.
   이처럼 참된 마음과 마주할 때마다 크고 깊은 정취가 느껴지지만, 그 참됨을 보고도 거짓된 마음에서 쉽게 벗어나지 못한다면, 그 또한 깊이 부끄러운 일일 것입니다.

밝음은 늘 어둠에서 나오고, 맑음은 늘 어둠에서 생겨납니다

굼벵이는 비록 더럽게 보이지만

결국 매미로 변해

가을바람 속에서 이슬을 먹고 자랍니다.

썩은 풀은 빛이 없지만

반딧불이가 되어

여름밤 달빛 아래에서 빛을 냅니다.

이처럼 맑고 깨끗한 것은

언제나 더러움 속에서 나오고,

밝음은 늘 어둠 속에서

태어난다는 것을 알 수 있습니다.

낮음을 알아야 높음도 알고,
어둠을 알아야 밝음도 압니다

낮은 곳에 머물러본 뒤에야 높은 곳에 오르는 일이 얼마나 위험한지 알게 됩니다. 어두운 곳에 있어본 뒤에야 밝은 곳을 향하는 일이 지나치게 드러나는 것임을 깨닫습니다.

고요함을 지켜본 뒤에야 움직임을 좋아하는 것이 얼마나 힘든 일인지 알게 됩니다. 과묵함을 길러본 뒤에야 말이 많은 것이 얼마나 시끄러운지 비로소 알게 됩니다.

'일'과 '마음'의 과잉이 가져오는 고통을 되새겨야 합니다

가장 큰 복은 일이 적은 것이고, 가장 큰 화는 마음을 지나치게 쓰는 데서 비롯됩니다.

일에 시달려본 사람만이 일이 적은 삶이 얼마나 귀한지 알게 되고, 마음을 고요히 다스려본 사람만이 지나친 마음씀씀이가 얼마나 해로운지 깨닫게 됩니다.

속세를 외면한다고 해서
깨달음이 오는 것은 아닙니다

속세를 벗어나는 길은
오히려 속세를 깊이 이해하는 데 있습니다.
굳이 사람과의 관계를 끊고
세상을 도피할 필요는 없습니다.
마음을 깨닫는 공부는
마음을 다하는 삶 속에서 이루어지며,
굳이 욕망을 끊어
마음을 식은 재처럼 만들 필요도 없습니다.

상황에 따라 달라져야
진짜 지혜로운 태도입니다

　세상이 잘 다스려질 때는 행동이 바르고 단정해야 하고, 어지러운 세상에서는 사람들과의 관계가 원만해야 하며, 세상이 무너져갈 때는 단정함과 원만함을 함께 갖춰야 합니다.
　착한 사람을 만날 때는 너그러워야 하고, 못된 사람을 만날 때는 단호해야 하며, 평범한 사람을 만날 때는 너그러움과 단호함을 함께 지녀야 합니다.

지나침은 마음을 흐리게 하고, 좋은 뜻도 메마르게 합니다

근심하고 부지런히 사는 것은
아름다운 품성이지만,
너무 괴로울 정도로 지나치면
본래의 기질을 펴지 못하고
마음도 편치 않습니다.
담백함은 고상한 태도이지만,
너무 지나치게 메마르면
남을 돕지도,
세상을 이롭게 하지도 못합니다.

너무 부드러워도 문제고, 너무 메말라도 위험합니다

　마음이 관대한 사람은 자신에게도 후하고 남에게도 너그러워 어느 곳에서든 늘 온화한 기운을 품습니다.
　마음이 냉담한 사람은 자신에게도 박하고 남에게도 엄격해 무슨 일을 하든 늘 냉랭하기만 합니다.
　그러므로 중심을 지닌 사람은 즐거움과 기호가 지나치게 너그럽고 부드럽기만 해서도 안 되며, 지나치게 메마르고 적막하기만 해서도 안 됩니다.

여유를 남겨두는 사람은
근심도 피해갑니다

    일을 할 때마다 마음에 여유를 남겨두는 사람은, 조물주도 그를 시기하지 못하고, 귀신도 그에게 해를 끼치지 못합니다.
    그러나 어떤 일을 하든 늘 가득 채우려 하고, 공을 세울 때도 꽉 채우려는 사람은, 안에서 문제가 생기지 않더라도 반드시 밖에서 근심을 불러오게 됩니다.

덜어낼수록 가벼워지고, 비워낼수록 자유로워집니다

인생은 조금씩 덜어낼수록 그만큼 초탈에 가까워질 수 있습니다. 사람을 사귀고 어울리는 일을 줄이면 번잡함을 피할 수 있고, 말을 줄이면 허물이 적어지며, 생각을 덜어내면 정신이 소모되지 않습니다. 총명함까지 덜어낼 때, 비로소 타고난 본성이 온전해집니다.

그런데도 매일 덜어내려 하지 않고 무언가를 더하려는 사람은, 스스로 삶에 족쇄와 쇠고랑을 채우는 것과 같습니다.

홀로 깨끗함만 고집하면
삶이 메말라갑니다

더러운 땅에서는 오히려 생명이 풍성히 자라고,
맑기만 한 물에는 물고기가 살지 않습니다.
그러니 약간의 티끌과 더러움도
기꺼이 품어낼 수 있는 도량이 필요합니다.
지나치게 깨끗한 것만을 좇으며
홀로 고고하게 행동하려 해서는 안 됩니다.

너무 고상하거나
너무 조급하면 메마릅니다

   산이 높고 험한 곳에는 오히려 나무가 자라지 않고, 굽이진 골짜기에는 풀과 나무가 무성하게 자랍니다. 물이 급하게 소용돌이치는 곳에는 물고기가 없지만, 고요하고 깊은 연못에는 물고기와 자라가 모여듭니다.

   이처럼 지나치게 고상한 태도나 조급한 마음은 스스로 엄중히 경계해야 합니다.

순조로울 때가
오히려 더 위험합니다

    일이 잘 풀리지 않을 때는 주변의 모든 것이 쓴 약과 침처럼 느껴져 자신도 모르게 절도를 지키고 행실을 바르게 합니다.
    하지만 일이 순조로울 때는 눈앞의 모든 것이 오히려 칼과 창이 되어 살을 녹이고 뼈를 깎는데도 그 사실을 알아차리지 못합니다.

고요한 가운데 움직이고,
바쁠수록 여유를 지닙니다

　하늘과 땅은 고요한 듯 움직이지 않지만, 그 속의 기운은 조금도 쉬지 않고 흐릅니다. 해와 달은 밤낮으로 바뀌지만, 그 곧음과 밝음은 영원히 변하지 않습니다.
　중심을 지닌 사람은 한가할 때에도 긴장을 늦추지 말고, 바쁠 때에도 여유로운 취미와 기품을 잃지 말아야 합니다.

흐르는 물 옆에서 고요를 느끼고, 높은 산에서 비움을 배웁니다

물은 흐르지만 주변은 소란스럽지 않으니,
시끄러운 곳에서도 고요의 정취를 느낄 수 있습니다.
산은 높지만 구름을 막지 않으니,
유에서 무로 향하는 이치를
그 안에서 깨달을 수 있습니다.

고요하면 떠오르고,
시끄러우면 사라집니다

시끄럽고 번잡할 때는,
평소 기억하던 것도 멍하니 잊히기 마련입니다.
맑고 편안한 곳에 있을 때는,
잊고 지낸 일들이 문득 떠오르곤 합니다.
고요함과 시끄러움이 조금만 달라져도
마음의 밝음과 어두움은 전혀 다른 얼굴을 드러냅니다.

봄날의 기운도 좋지만
가을날의 고요함이 더 깊습니다

봄날은 기운이 무성하고 화려해
사람의 마음과 정신을 크고 자유롭게 만들어줍니다.
하지만 구름은 희고 바람은 맑으며,
난초와 계수나무 향이 감돌고,
물과 하늘이 한빛으로 어우러지며,
밝은 달이 천지를 비추는 가을날의 정취는
사람의 정신과 몸을 모두 맑게 해줍니다.
봄날도 좋지만,
가을날의 고요함이 더 깊이 있게 다가옵니다.

꽃은 화분을 벗어날 때 아름답고,
새는 하늘을 날 때 제맛입니다.

꽃이 화분 안에 있으면 결국 생기를 잃고,
새가 새장 안에 들어가면 타고난 정취를 잃습니다.
산속의 꽃과 새가 어우러져 자연의 무늬를 이루고,
훨훨 날아다니며
스스로 한가로이 지내는 모습만 못합니다.

달빛은 물에 흔적을 남기지 않고, 꽃잎은 져도 마음은 한가롭습니다

옛날 어느 덕 있는 승려가 이렇게 말했습니다.

"대나무 그림자가 섬돌을 쓸어도 먼지는 움직이지 않고, 달빛이 연못을 뚫어도 물에는 흔적이 없다."

학문을 닦던 이들 중 이렇게 말한 사람도 있었습니다.

"물이 아무리 급하게 흘러도 주변은 늘 고요하고, 꽃잎이 자주 떨어져도 마음은 스스로 한가롭다."

사람이 이러한 마음가짐으로 일에 대응하고 세상사를 대한다면, 몸과 마음은 언제나 자유롭고 평온할 수 있을 것입니다.

세상이 나직하게 말을 걸어올 때
들을 귀를 가져야 합니다

수풀 사이로 스며드는 솔바람 소리와
돌 위를 흘러내리는 샘물 소리를
고요한 마음으로 가만히 들어보면,
그 소리들이야말로 곧 하늘과 땅의
자연스러운 울림임을 알 수 있습니다.
또한 풀숲에서 피어오르는 안개와
물속에 드리워진 구름 그림자를
한가로운 마음으로 바라보면,
그 모습이야말로 하늘과 땅이 빚어낸
가장 아름다운 문장임을 느낄 수 있습니다.

잊을 만큼 자연스러워야
비로소 참된 자유입니다

물고기는 물속에서 자유롭게 헤엄치면서도
물이 있음을 의식하지 못하고,
새는 바람을 타고 날아다니면서도
바람이 있음을 의식하지 못합니다.
이러한 이치를 깨닫는다면,
사물에 얽매이는 마음을 벗어던지고
하늘이 부여한 이치를
참으로 즐길 수 있습니다.

가장 생생한 움직임은
고요한 순간에 깨어납니다

모든 소리가 잠잠한 가운데
문득 새 한 마리의 울음소리를 들으면,
그 소리 하나만으로도
마음속 깊은 감정이 조용히 깨어납니다.
나무와 풀이 모두 시들고 잎이 떨어진 뒤,
어느 날 가지 하나에서 새순이 돋아나는 걸 보면,
그 작은 변화가 조용히
삶의 기운을 흔들어 깨우는 것을 느낍니다.
자연은 결코 메마르지 않으며,
고요한 순간 속에서 오히려
살아 있는 움직임이 더 또렷이 드러납니다.

고요한 시간에 스며드는
자연의 정취를 느껴보세요

소나무가 우거진 냇가를
지팡이에 의지해 거닐다 잠시 멈춰 서 있으면,
해진 옷깃 사이로 구름이 이는 듯한 정취가 피어납니다.
대나무가 서 있는 창가 아래
책을 베고 고요히 누워 있다가 깨어날 무렵이면,
차가운 담요 사이로 달빛이 은은히 스며듭니다.

자연과 마음이 어우러질 때
경계는 사라집니다

눈 내리는 밤이나
달 밝은 하늘을 마주하면,
마음이 저절로 맑고 투명해집니다.
봄바람의 온화한 기운을 느끼면,
의식도 자연스럽게 부드러워집니다.
그렇게 자연의 조화로움과
사람의 마음이 하나로 어우러지면,
그 사이에는 어떤 경계도
느껴지지 않게 됩니다.

마음이 고요해야
세상의 빛이 보입니다

바람과 꽃의 산뜻하고 맑은 기운,
눈과 달의 투명한 아름다움은
오직 마음이 고요한 사람만이
제대로 느낄 수 있습니다.
물과 나무의 무성함과 메마름,
대나무와 바위의 소멸과 생장은
오직 한가로운 사람만이
누릴 수 있는 특권입니다.

우리는 인생의 끝자락에 가서야
비로소 무엇을 놓아야 할지 깨닫게 됩니다.
'내려놓음'은 결코 포기가 아니라
더 깊은 아름다움으로 나아가는 길입니다.
6장에서는 성숙한 삶의 완성을 이야기하며,
평온하고 담담한 마무리를 준비하게 합니다.

6장

끝을 알아 내려놓을 때
아름답게 살아갑니다

생과 사를 초월하는 관조로
마음을 비워야 합니다

 아직 태어나기 전, 나는 어떤 모습이었을까요? 내가 죽은 뒤, 세상은 어떻게 흘러갈까요?
 이렇게 잠시 떠올려보면 온갖 생각이 재처럼 식어가고, 마음은 저절로 고요해집니다. 그 순간, 우리는 사물의 경계를 벗어나 만물이 생겨나기 이전의 고요한 세계를 잠시나마 느낄 수 있습니다.

다시 오지 않을 삶이기에
헛되이 흘려보내선 안 됩니다

    천지는 영원히 이어지지만, 우리의 몸은 다시 얻을 수 없고 인생은 고작 백 년 남짓에 불과합니다. 그런데도 그 하루하루는 놀랄 만큼 빠르게 흘러가고 맙니다.

    다행히 지금 이 시간을 살아가고 있는 사람이라면, 삶의 기쁨을 모르고 살아서도 안 되며, 이 삶을 헛되이 흘려보내지 않을까 늘 돌아보며 살아야 합니다.

부귀는 물론이고 내 몸조차
잠시 빌린 것에 불과합니다

모든 것을 헛된 것으로 본다면, 공명과 부귀는 물론 팔과 다리, 몸까지도 그저 잠시 빌려 쓴 것에 불과합니다. 그러나 모든 것을 참된 경지로 본다면, 부모와 형제는 물론 세상의 모든 존재가 나와 한 몸이 됩니다.

사람이 이 이치를 분명히 깨닫고 진실한 자각에 이르면, 비로소 세상의 큰일을 맡을 수 있고, 인생의 굴레와 사슬에서도 벗어날 수 있습니다.

이 거대한 세상도
결국 먼지에 지나지 않습니다

산과 강, 그리고 땅덩이조차도

결국은 미미한 먼지에 불과하니,

그 속에 사는 우리는 어떻겠습니까?

피와 살, 몸뚱이조차도

물거품이나 그림자 같은 것인데,

그림자 바깥의 그림자는 또 얼마나 허망하겠습니까?

이런 이치를 명확히 깨닫는 일은,

지극한 지혜를 지닌 사람에게나 가능한 일입니다.

세상은 좁고, 시간은 덧없습니다

부싯돌 불빛 같은 찰나의 시간 속에서,
우리가 길고 짧음을 다투어본들
그 순간이 얼마나 되겠습니까?
달팽이 뿔처럼 좁디좁은 세상 안에서
우리가 자웅을 가려본들
그 세계가 얼마나 크겠습니까?

어디에도 얽매이지 않고, 어떤 것에도 흔들리지 않고

외로운 구름이 산골짜기에서 피어오르듯,
가든 머물든
어디에도 얽매이지 않습니다.
밝은 달이 허공에 걸려 있듯,
고요하든 시끄럽든
어떤 것에도 흔들리지 않습니다.

몸은 떠다니는 배처럼, 마음은 타다 남은 재처럼

몸은 매이지 않은 배와 같으니,
흘러가든 멈추든
그저 자연에 맡겨두면 될 일입니다.
마음은 이미 재가 된 나무와도 같으니,
누가 칼로 베든 향을 바르든
무슨 거리낌이 있겠습니까?

시드는 육체를 받아들이고, 자연의 소리에 마음을 엽니다

머리카락이 빠지고 이가 성글어지는 것은,
덧없는 육체가 시들어가는 것을
그저 자연스럽게 받아들이는 일입니다.
오히려 새가 울고 꽃이 피는 자연의 흐름 속에서,
우리는 삶의 본성과 진정한 모습을
깨달을 수 있어야 합니다.

마음을 비워낼 수 있어야
세상에 흔적이 남지 않습니다

바람이 성긴 대숲을 스쳐 지나가지만,
바람이 지나가고 나면
대나무는 아무 소리도 남기지 않습니다.
기러기가 차가운 연못을 건너지만,
기러기가 떠나고 나면
연못에는 그림자조차 남지 않습니다.
그러므로 일이 닥쳤을 때는 마음이 드러나되,
일이 지나가고 나면
그 마음도 함께 비워낼 수 있어야 합니다.

이룬 것을 지키는 마음이
내려놓음의 시작입니다

아직 이루지 못한 공을 도모하기보다,
이미 이룬 일을 잘 지켜내는 것이 더 낫습니다.
이미 저지른 실수를 후회하기보다,
앞으로의 잘못을 미리 막는 것이 더 현명합니다.

인생의 말년에도
정신은 더욱 맑아져야 합니다

날이 이미 저물었는데도

안개와 노을은 더욱 찬란히 빛나고,

한 해가 저물어가는데도

귤은 다시 꽃향기를 내뿜습니다.

그러므로 인생의 말년에도

우리는 오히려 정신을 백 배로 가다듬어야 합니다.

담백하게 자기 길을 가되, 깨어 있다고 자랑하지 마세요

겨루고 다투는 일은 남들에게 맡기고, 남들이 그 속에 깊이 취해 있어도 미워하지 않습니다. 조용하고 담백하게 자기 길을 가면서도, 홀로 깨어 있다고 자랑하지 않습니다.

바로 이것이 "법(法, 불교에서 세상의 모든 현상과 부처의 가르침을 아우르는 말-옮긴이)에도 얽매이지 않고, 공(空, 세상 모든 것에는 정해진 실체가 없다는 불교의 핵심 개념-옮긴이)에도 얽매이지 않는다"는 석가모니 말씀의 참뜻이며, 이 경지가 바로 몸과 마음이 자유로워지는 상태입니다.

쇠락의 시선으로
번영의 욕심을 내려놓습니다

노쇠했을 때의 시선으로 젊었을 때를 돌아보아야,
분주하게 앞서가려는 경쟁심을 내려놓을 수 있습니다.
쇠락했을 때의 시선으로 번영했던 때를 살펴보아야,
화려함과 사치에 대한 욕심을 끊을 수 있습니다.

총애를 받아도 들뜨지 않고,
치욕을 당해도 낙심하지 않습니다

총애를 받아도 들뜨지 않고,
치욕을 당해도 낙심하지 않기에
뜰 앞 꽃이 피고 지는 것을
그저 한가로이 바라볼 수 있습니다.
머무름과 물러남에도 뜻이 없기에
하늘 밖 구름이 일었다 흩어지는 일도
그저 무심히 따를 뿐입니다.

죽음 앞에 서고 나서야
헛된 영화였음을 깨닫습니다

나무는 뿌리로 돌아가고 나서야
꽃과 꽃받침, 가지와 잎이
모두 헛된 영화였음을 깨닫습니다.
사람은 관 뚜껑이 덮인 뒤에야
아들과 딸, 재산과 명예가
아무 소용이 없었다는 사실을 비로소 알게 됩니다.

세상의 맛을 다 겪고 나면
끄덕임조차 무심해집니다

세상의 온갖 맛을 물릴 만큼 겪고 나면,
비와 구름이 엎치락뒤치락해도 그저 내버려둘 뿐,
눈을 뜨는 일조차 귀찮게 느껴집니다.
사람의 정을 다 겪고 나면,
소라고 부르든 말이라 부르든 더는 개의치 않고
그저 고개만 조용히 끄덕일 뿐입니다.

죽음 앞에서 흔들리지 않으려면
살아 있을 때 꿰뚫어보아야 합니다

바쁠 때 본성을 어지럽히지 않으려면,
한가할 때 미리
마음과 정신을 맑게 길러두어야 합니다.
죽음을 앞두고 마음이 흔들리지 않으려면,
살아 있을 때
사물의 이치를 깊이 꿰뚫어보아야 합니다.

하늘이 어떤 시련을 주어도
제 길을 꿋꿋이 가야 합니다

하늘이 내게 복을 인색하게 준다면,
제 덕을 더 두텁게 하여 그 복을 감당하겠습니다.
하늘이 제게 몸을 수고롭게 한다면,
제 마음을 더욱 편안히 하여 그 고됨을 덜겠습니다.
하늘이 험한 길을 제 앞에 두신다면,
제 삶의 길을 곧게 세워 그 험함을 헤쳐 나가겠습니다.
그렇다면 하늘이 저에게
도대체 무엇을 어찌할 수 있겠습니까?

은덕은 누리는 것이고
복은 이어가는 것입니다

조상의 은덕이 무엇이냐고 묻는다면,
지금 제가 누리고 있는 것이 바로 그 은덕입니다.
그러니 그 은덕을 쌓아올리는 일이
얼마나 어려운 것인지 늘 마음에 두어야 합니다.
자손의 복이 무엇이냐고 묻는다면,
그 복은 제 삶의 태도에서 비롯됩니다.
그러니 그 복이 얼마나 쉽게 무너질 수 있는지도
항상 가슴에 새겨야 합니다.

왕성할수록 자신을 조심해야
말년에도 무너지지 않습니다

늙어서 찾아오는 병은

모두 젊었을 때 불러들인 것이며,

쇠약해진 뒤에 겪는 재앙도

결국 한창 왕성했을 때 스스로 쌓아놓은 결과입니다.

그래서 자신을 잘 다스릴 줄 아는 사람은,

가득 차 있고 여유로울 때일수록

오히려 더 조심하고 스스로를 경계합니다.

번영할 때 준비하면
시련 앞에서도 흔들리지 않습니다

    쇠락하고 쓸쓸한 기운은 한창 왕성하고 충만해 보일 때 이미 그 안에 깃들어 있으며, 다시 일어설 기틀은 쇠퇴해가는 바로 그 시점에서 서서히 자라나기 시작합니다.

    그러므로 평온할 때일수록 마음을 다잡아 앞날을 대비해야 하며, 뜻밖의 시련을 만났을 때는 백 번을 참고 견뎌내며 다시 일어설 길을 찾아야 합니다.

가득 채우려 하면
오히려 쉽게 무너집니다

한쪽으로 기운 그릇은 가득 채우면 엎어지고,
저금통은 비어 있을 때 오히려 온전합니다.
그러므로 차라리 비어 있는 쪽을 택하지,
채워지기를 바라지 않아야 하며,
차라리 모자란 상태로 있지,
완전해지기를 구하지 않아야 합니다.

기쁜 마음은 복을 부르고,
마음속 살기는 화를 불러냅니다

복은 억지로 구할 수 있는 것이 아니니,
기쁜 마음을 길러
복이 스스로 찾아오게 하는
근본으로 삼을 뿐입니다.
화는 억지로 피할 수 있는 것이 아니니,
마음속의 살기를 없애
화를 멀리하는 길로 삼을 뿐입니다.

따뜻한 마음이 있어야
복도 두텁고 오래갑니다

천지의 기운이 따뜻하면 생명이 자라고,
차가우면 죽게 됩니다.
그래서 성품과 기질이 맑고 차가운 사람은,
받는 복도 서늘하고 박할 수밖에 없습니다.
오직 온화한 기운과 따뜻한 마음을 지닌 사람만이
복도 두텁게 받고,
은혜도 오래 이어갈 수 있습니다.

자기를 버렸다면
더는 의심하지 말아야 합니다

    자기를 버렸다면 더 이상 의심하지 말아야 합니다. 의심이 남아 있다면, 스스로를 버리려 했던 그 결심이 부끄러워지게 됩니다.
    남에게 베풀었다면 그에 대한 보답을 바라지 말아야 합니다. 보답을 바라는 순간, 그 베풂의 마음은 이미 참된 것이 아니게 됩니다.

괴로움과 즐거움이 어우러져
한 사람의 복을 만듭니다

한 번의 괴로움과 한 번의 즐거움이
서로를 비추고 다듬어주기에,
그 모든 과정을 겪어낸 뒤에 얻는 복이라야
비로소 오래도록 머뭅니다.
한 번의 의심과 한 번의 믿음이
서로를 견주며 균형을 잡아주기에,
그 깊은 되새김 끝에 얻은 지식이라야
비로소 참된 자리에 이릅니다.

역경과 곤궁은
삶을 단련하는 불과 망치입니다

역경과 곤궁은
크게 될 사람을 단련하는
하나의 불가마이자 쇠망치입니다.
그 단련을 기꺼이 감수하면
몸과 마음 모두에 이로우며,
그 고됨을 견디지 못하면
몸과 마음 모두에 해가 될 뿐입니다.

견디는 힘이 있어야
세상의 길을 헤쳐갑니다

"산을 오를 때는 가파른 길을 견디고, 눈길을 걸을 때는 미끄러운 다리를 견뎌내라"고 했습니다.

'견뎌낸다'는 이 한마디 안에는 참으로 깊은 뜻이 담겨 있습니다. 사람들의 험하고 뒤틀린 마음, 세상의 깊은 함정과 거친 길들 앞에서 이 '견딤'이 없다면, 우리는 가시덤불과 구덩이를 어떻게 지나갈 수 있겠습니까?

마음을 따로 살피려 할수록
도리어 번뇌는 깊어집니다

　마음은 본래, 마음 바깥에 또 다른 마음이 있는 것이 아니니 굳이 따로 살펴볼 것도 없습니다.
　불가에서 말하는 "마음을 살핀다"는 말은 도리어 번뇌를 더 하는 일입니다. 만물은 본래 하나인데, 무엇을 그토록 가지런히 하려는 것입니까?
　장자가 말한 "만물을 가지런히 한다"는 말 또한 이미 하나인 것을 스스로 나누려는 일일 뿐입니다.

죽음 이후까지 생각하기에
아첨의 처량함을 피합니다

도덕을 지키며 사는 사람은 비록 일시적으로 적막할 수 있으나, 권세에 기대어 아첨하는 사람은 영원히 처량합니다.

달관한 사람은 사물의 겉모습을 넘어 그 참모습을 살피고, 죽음 이후의 자신까지도 생각하기에, 차라리 한때의 적막함을 감수할지언정 영원한 처량함을 택하지 않습니다.

처음의 마음을 돌아보고,
끝의 길을 살펴야 합니다

사정이 궁핍해지고 기세가 움츠러든 사람은
마땅히 처음 가졌던 마음을 되돌아보아야 합니다.
반대로, 공적을 이루고 실행에 만족한 사람은
그 말로가 어떻게 될지를 깊이 살펴야 합니다.

겉으로 드러내기보다
조용히 쌓는 것이 낫습니다

사사로운 은혜를 베푸는 것은
공평한 도리를 따르는 것만 못하고,
새로 친구를 사귀는 것은
오래도록 좋아하던 사이를
더욱 깊게 하는 것만 못합니다.
눈에 띄는 명성을 쌓는 것은
조용히 덕을 심는 것만 못하고,
특별한 절개를 드러내는 것은
평소 언행을 삼가는 것만 못합니다.

지혜로도 막을 수 없는
뜻밖의 인생 행로가 있습니다

어망을 쳐놓자
기러기가 그 안에 걸리고,
사마귀가 먹이를 노리면
그 뒤를 참새가 노립니다.
낌새 속에 또 다른 낌새가 숨어 있고,
뜻밖의 일 속에서
또 다른 예기치 못한 일이 생겨나니,
결국 지혜나 기교란
얼마나 믿을 만한 것일까요?

기쁨도, 근심도
그 자리에 머물지 않습니다

뜻대로 되지 않는다고

너무 근심하지 말고,

마음이 유쾌하다고 해서

지나치게 기뻐하지도 마십시오.

오랫동안 평안할 것이라

쉽게 믿지도 말고,

처음에 어렵다고 해서

금세 꺼리거나 물러서지도 마십시오.

달관한 사람은
괴로움까지 즐거움으로 바꿉니다

세상 사람들은
마음대로 되는 일을 즐거움이라 여기고,
그 즐거움에 이끌려
오히려 괴로운 곳에 머물게 됩니다.
달관한 사람은
마음대로 되지 않는 일조차
즐거움으로 받아들이니,
끝내 괴로움도
즐거움으로 바뀌게 됩니다.

고요함 속에서야
인생의 참모습이 드러납니다

바람이 잦아들고
물결이 고요해진 뒤에야
비로소 인생의 참된 경지를
바라볼 수 있습니다.
맛이 담백하고
소리가 드문 곳에서야
마음이 본래 그러한 줄을
깨닫게 됩니다.

조용한 소리에 귀 기울일 때
세상의 이치를 새삼 깨닫습니다

대나무 울타리 아래서
문득 개 짖는 소리와 닭 우는 소리가 들려오면,
마치 구름 속 세계에 들어선 듯
황홀한 느낌이 들곤 합니다.
글방 안에 앉아
매미 울음과 까마귀 지저귐을 듣고 있노라면,
고요함 속에 깃든
천지의 이치를 새삼 깨닫게 됩니다.

많이 가질수록 불안해지고,
단순할수록 삶은 편안해집니다

많이 가진 사람은 잃을 것도 많아 결국 크게 무너질 수 있습니다. 그래서 부유하지만 걱정이 많은 삶은, 가난해도 마음 편한 삶만 못합니다.

높이 올라간 사람은 쉽게 엎어지기 마련입니다. 그래서 겉으로는 고귀해 보여도 늘 불안한 삶은, 소박해 보여도 마음 편한 삶만 못한 것입니다.

자연에 몸을 맡길 때
하늘과 땅의 이치를 깨닫습니다

　방문과 창을 활짝 열어젖히면, 푸른 산과 맑은 물이 구름과 안개를 삼키고 토하는 장관이 한눈에 들어옵니다. 그 광경을 바라보다 보면, 하늘과 땅이 본래 그러했음을 새삼 깨닫게 됩니다.

　대나무와 나무가 우거진 곳에서, 어린 제비와 지저귀는 비둘기들이 계절을 따라 오고 가는 모습을 지켜보노라면, 어느새 사물도 나 자신도 잊고, 자연에 몸과 마음을 맡기게 됩니다.

기분과 취향이 아니라
생명의 눈으로 보아야 합니다

　사람은 대개 기분과 취향으로 사물을 가르고 평가합니다. 꾀꼬리 울음은 기뻐하지만 개구리 울음은 싫어하고, 꽃은 가꾸고 싶어 하지만 풀은 뽑고 싶어 합니다. 이처럼 감각적 외형이나 자신의 기질로 사물을 대하는 태도는 참된 이해라 할 수 없습니다.

　하지만 생명의 눈으로 보면, 모든 존재는 저마다 쓰임과 뜻을 품고 있으며, 누구 하나 불필요하지 않게 자기 몫의 삶을 살아가고 있습니다.

■ 독자 여러분의 소중한 원고를 기다립니다

메이트북스는 독자 여러분의 소중한 원고를 기다리고 있습니다. 집필을 끝냈거나 집필중인 원고가 있으신 분은 khg0109@hanmail.net으로 원고의 간단한 기획의도와 개요, 연락처 등과 함께 보내주시면 최대한 빨리 검토한 후에 연락드리겠습니다. 머뭇거리지 마시고 언제라도 메이트북스의 문을 두드리시면 반갑게 맞이하겠습니다.

■ 메이트북스 SNS는 보물창고입니다

메이트북스 홈페이지 matebooks.co.kr

홈페이지에 회원가입을 하시면 신속한 도서정보 및 출간도서에는 없는 미공개 원고를 보실 수 있습니다.

메이트북스 유튜브 bit.ly/2qXrcUb

활발하게 업로드되는 저자의 인터뷰, 책 소개 동영상을 통해 책에서는 접할 수 없었던 입체적인 정보들을 경험하실 수 있습니다.

메이트북스 블로그 blog.naver.com/1n1media

1분 전문가 칼럼, 화제의 책, 화제의 동영상 등 독자 여러분을 위해 다양한 콘텐츠를 매일 올리고 있습니다.

STEP 1. 네이버 검색창 옆의 카메라 모양 아이콘을 누르세요.   STEP 2. 스마트렌즈를 통해 각 QR코드를 스캔하시면 됩니다.
STEP 3. 팝업창을 누르시면 메이트북스의 SNS가 나옵니다.